Faire l'amour à une femme

JAMES L. SANTINI

Les Éditions
Quebecor

Données de catalogage avant publication (Canada)

Santini, James L., 1946–

   Faire l'amour à une femme

   Nouv. éd.
   Publ. à l'origine dans la coll.: Collection
sexualité.

   ISBN 2-89089-597-1

   1. Education sexuelle des hommes. I. Titre.

HQ36.S26 1994   613.9'52   C94-940138-2

ÉDITIONS QUEBECOR INC.
7, chemin Bates
Bureau 100
Outremont (Québec)
H2V 1A6

© 1988, Les Éditions Quebecor
© 1994, Les Éditions Quebecor, pour la réédition

Dépôts légaux, 2e trimestre 1988
Bibliothèque nationale du Québec
Bibliothèque nationale du Canada
ISBN : 2-89089-452-5
ISBN : 2-89089-597-1

Éditeur : Jacques Simard
Conception de la page couverture : Bernard Langlois
Photo de la page couverture : Tony Stone / Andy Cox

PRÉFACE

Ce livre est un véritable manuel du parfait séducteur. Il plaira aux femmes qui veulent obtenir de leur partenaire ce qu'elles ont toujours rêvé d'avoir: non par le sexe mais par la sensualité.

Il suffit d'un peu d'imagination et de bonne volonté pour trouver le romantisme et la sensualité. L'intimité qui unit désormais les deux partenaires leur permettra de transformer leurs rapports sexuels en une expérience mémorable.

Pour la plupart des gens, le romantisme est synonyme d'attention, de considération et de sensualité. Au début d'une relation, tout le monde se montre affectueux et romantique envers l'être aimé. Malheureusement, il disparaît toujours trop vite, ce qui n'est pas nécessairement mauvais. La plupart des gens ne pourraient vivre continuellement dans un monde de rêveries presque irréel. Voilà pourquoi le romantisme fait place à quelque chose de plus satisfaisant à mesure que la relation progresse.

Idéalement, on souhaiterait tous vivre continuellement un amour romantique, mais les exigences de la vie l'emportent souvent; les efforts engagés pour redonner une touche de romantisme à la relation seront donc amplement récompensés. La femme se voit alors à nouveau traitée comme une personne privilégiée, chouchoutée et estimée. L'homme voit renaître en lui sa conception de la masculinité, il se sent aimé et désiré.

La sensualité et le romantisme sont un art. Bien faire l'amour à une femme, c'est connaître les causes secrètes qui la rendent folle de désir, c'est savoir faire vibrer son corps au même rythme que le sien, pour l'amener au sommet de l'extase érotique.

Louise Savard

1

SI VOS SOIRÉES RESSEMBLENT À... ÇA!

Il est minuit trente, un vendredi soir, dans une quelconque cité-dortoir de la banlieue de n'importe quelle grande ville. Louise a fait sa toilette, elle a passé sa robe de nuit et s'est confortablement installée dans le lit «king», deux oreillers dans le dos, un bon livre à la main. Robert s'étire paresseusement en entrant dans la chambre. Il enfile son pantalon de pyjama avant d'aller faire sa toilette à son tour. Louise comprend fort bien ce que signifie cette attente: on est vendredi, alors on va faire l'amour. Elle connaît tout le rituel par coeur et elle attend patiemment que son cher époux revienne de la salle de bains avec le sourire de circonstance. Toutes les semaines, c'est chaque fois le même scénario.

Il revient après une dizaine de minutes. Le parfum de son eau de Cologne est un autre indice clair et net. Il n'en use jamais les autres soirs même si elle préférerait ça.

Il s'étend de son côté du lit, allume la lampe de chevet, éteint le plafonnier et prend à son tour un livre qu'il feuillette négligemment avant de se tourner vers sa compagne et lui dire avec un grand sourire et un clin d'oeil complice qu'il croit séducteur: «Tu sais à quoi je pense...?»

Bien sûr qu'elle le sait! Mais, comme toujours, elle n'en fait rien voir. Si seulement il n'était pas toujours si... pareil! Alors, elle continue à jouer le jeu. Elle se penche sur lui, l'embrasse sur la bouche avant de déposer son livre sur la table de chevet et d'enlever sa chemise de nuit. Elle s'étend sur le dos, confortablement et elle attend patiemment qu'à ce signal il éteigne à son tour sa lampe de chevet, dépose son livre et se tourne vers elle.

Il se met à lui frotter le mamelon droit de la paume de la main. Trop fort! songe-t-elle. Mais elle a cessé d'essayer de le lui faire comprendre. Il croit sa technique tout à fait au point et les premières plaintes qu'elle avait faites n'avaient réussi qu'à lui attirer des regards courroucés. Il caresse son sein droit, toujours trop fort. Il attend que le mamelon soit bien gonflé. Puis, c'est alors le signal de caresser l'autre mamelon, mais de sa bouche cette fois. Elle aime bien quand il fait ça. Mais il ne le fait jamais assez longtemps pour que ce soit bien agréable. À peine a-t-elle le temps de commencer à ressentir quelque chose qu'il abandonne aussitôt pour passer à autre chose.

Elle préfère qu'il s'attarde moins longtemps, comme ça, au moins, elle ne sera pas laissée à moitié excitée. Puis, tandis que la bouche de Robert s'amuse sur le sein gauche de Louise, il glisse la main sur son ventre. Elle ouvre les jambes et, rapidement, il lui caresse le mont de Vénus. Elle essaie souvent de lui faire comprendre qu'elle aime bien quand il lui caresse le mont de Vénus. Sa main est chaude et douce. Il pourrait lui donner beaucoup de plaisir, mais elle n'aime pas parler de ces choses. Et lui, il n'a jamais soulevé le sujet. Alors elle croit que ça ne l'intéresse pas vraiment, qu'il préfère parler de sexe avec ses copains et feuilleter des revues érotiques. Mais la main ne reste pas longtemps à la même place et attaque tout de suite le clitoris. Il va toujours trop vite, songe-t-elle, tandis que son sexe sec est soumis à des caresses qui ne l'excitent même pas. Elle gigote un peu pour lui faire comprendre qu'elle est mal à l'aise, mais il prend ses agissements pour un signe d'excitation et enfonce deux doigts dans son vagin. Son pouce continue de lui malaxer le clitoris. Elle sent faiblement quelques élancements de plaisir qui commencent à se manifester. Après tout, il essaie de l'exciter.

Alors, elle tend la main à son tour, ouvre la culotte du pyjama de Robert et prend son membre gonflé déjà tout tendu. Il s'approche en grognant et, doucement, elle se met à bouger la main de haut en bas. Une fois, une seule fois il avait manifesté le désir de la laisser s'amuser à son goût avec son membre. Une fois, elle s'était penchée pour le prendre dans sa bouche, comme elle aimerait bien qu'il le fasse sur son sexe, mais au dernier moment, quand le souffle chaud de sa bouche avait enveloppé son membre rigide, il avait vivement reculé. Elle avait cru qu'il ne voulait pas aller plus loin. Robert, lui, ressent intérieurement le même désir. Si seulement elle acceptait de le prendre dans sa bouche. Il a toujours rêvé de pouvoir le faire. Mais il a toujours cru que sa femme n'aimait pas ça. Il avait voulu lui en parler, une fois, mais elle avait répliqué qu'elle ne voulait pas discuter de ces... choses. À ce niveau-là, se dit-il, Louise a toujours été très prude.

La séance continue. Louise reconnaît les signes avant-coureurs. Robert agite les hanches quand sa main continue de le caresser. Elle souhaiterait tellement qu'elle soit mouillée un tout petit peu pour que ça finisse bientôt, sinon il va la prendre, comme d'habitude, avant qu'elle ne soit prête et elle déteste cette sensation d'être laissée en plan, d'être volée de son plaisir tandis que Robert grogne et gigote en elle.

Les doigts continuent de s'agiter dans son vagin. Elle les sent qui glissent mieux et, à ce signe, Robert enlève sa culotte de pyjama, Louise s'étend encore plus confortablement, ouvre tout grand les jambes et Robert s'écrase sur elle. Il la pénètre et, bientôt, elle l'entend lui murmurer des petits mots d'amour, trop peu, trop tard, et il s'agite de plus en plus vite, elle sent son membre s'enfoncer au plus profond de son ventre et, soudain, là, voilà, elle sent le spasme qui le contracte et puis il s'affaisse avec un soupir.

Elle aimerait bien le tenir comme ça, dans ses bras. Il ne sait pas lui faire plaisir, pourtant ce n'est pas un mauvais bougre. Et si seulement il cessait de lui demander: «T'as eu du plaisir?» Comme toujours, elle a fait semblant. C'est tellement plus simple que d'essayer de lui faire comprendre que tout est trop vite, trop tard, trop lent, trop... pas assez!

D'ailleurs il n'attend jamais sa réponse et elle tend la main vers la boîte de papier-mouchoirs qu'il est déjà sous la douche, comme s'il était sale, comme s'il s'était souillé!

Elle rallume la lampe de chevet, reprend son livre et attend que le sommeil la gagne.

Rideau!

Un scénario très répandu!

Cette description, bien que purement imaginaire, n'est pourtant rien d'autre que la réalité pour des milliers, des centaines de milliers de couples un peu partout en Amérique du Nord comme dans le monde entier d'ailleurs.

Comment les hommes font-ils l'amour à une femme? «Mal, de préférence!» disait sarcastiquement une amie. Une autre répondait par ces termes également très peu flatteurs pour les hommes: «Debout, dedans, dehors!» La grande majorité des commentaires féminins sur l'art amoureux des hommes sont très peu encourageants. Les hommes qui ne détestent pas vanter leurs prouesses amoureuses perdent bien vite leur auréole quand les femmes évaluent leur comportement érotique. La vérité, la triste vérité, c'est que les hommes ignorent encore énormément de choses au sujet des femmes et de leur sexualité.

Combien d'hommes ignorent encore quelles sont les situations qui provoquent le désir chez la femme? Combien d'hommes ignorent encore totalement le rôle essentiel du clitoris dans la jouissance féminine? Combien d'hommes ignorent que très peu de femmes aiment faire l'amour en pleine lumière, même dans une chambre fermée à clé et à l'abri des regards indiscrets? Elles ne sont que huit pour cent environ qui aiment bien cette situation. La grande majorité des autres, lors d'enquêtes sur le comportement sexuel des femmes, admettent qu'elles préfèrent la pénombre. Pas l'obscurité, mais un demi-jour, le crépuscule. Une atmosphère romantique, quoi!

Tout n'est cependant pas perdu!

La raison pour laquelle j'ai décidé de rédiger ce

petit livre, c'est qu'un jour, mon fils aîné, qui va avoir bientôt dix-neuf ans, me disait qu'il n'arriverait jamais à comprendre les femmes. Quand je lui demandai ce qui provoquait cette réaction de sa part, il eut cette réflexion: «On croit trouver le truc infaillible pour charmer une fille et on s'aperçoit que ça enrage l'autre à côté. Non, je n'arriverai jamais à comprendre....!»

Comme je tentais de l'expliquer à Bruce, la réponse se trouve peut-être dans le fait qu'il n'existe pas de «truc»! Et puis, au fur et à mesure de mes rencontres avec notre groupe de participantes à un séminaire d'«éveil à la sexualité», je me suis rendu compte que beaucoup d'hommes mariés adoptaient la même attitude que mon fils: ils ne comprenaient pas et après avoir longtemps cherché le «truc infaillible», la «recette-miracle», ils ont tout simplement laissé tomber. De dire Harry, l'amant d'une des participantes: «Je prends les choses comme ça vient!» Peut-être avait-il une meilleure attitude que ceux qui, contre vents et marées, continuent encore à chercher.

Voilà pourquoi je me suis décidée à écrire ce petit livre. Simplement pour essayer de ramasser les principaux points de la sexualité féminine et faire comprendre aux hommes que s'il n'existe pas UNE façon de faire l'amour à une femme, il y a certains principes fondamentaux qui permettront certainement à leur compagne de connaître beaucoup plus de plaisir qu'elles n'en retirent maintenant. La sexualité féminine n'est pas un mystère comme la Trinité. Elle est simplement différente de celle de l'homme et surtout, surtout... de l'idée qu'il s'en fait!

2

LE SEXE «IDÉAL»

Si seulement la routine changeait...

«J'ai trente-huit ans, me confiait Carmen au cours d'une de nos réunions. J'ai toujours été une fille qui aimait coucher, comme disent les hommes. Alors, j'en ai passé des tas. Eh bien! pas une seule fois dans toute ma vie je n'ai eu l'occasion de dire: «Ça me suffit maintenant, je ne veux plus continuer...!» Les partenaires que j'ai eus avaient tous l'allure d'hommes d'affaires en retard pour un rendez-vous. Ils finissaient que je commençais à peine!»

Ce genre de commentaires trouvait souvent un écho, et même plusieurs échos, chez les participantes. Les hommes préféraient ne rien dire, ils étaient là pour découvrir, eux aussi, une nouvelle approche de la sexualité, masculine et féminine. Ils devaient prendre ça comme de la critique constructive, bien qu'il fût visible que ça ne leur plaisait pas du tout.

C'est pourtant la vérité. D'autres allaient plus loin: «Si seulement on pouvait leur faire comprendre qu'on a envie de changer la routine éternelle du baiser, du pelotage, de la sucette, de faire minette et puis la platitude des platitudes: le pénis dans le vagin!»

C'est évidemment très clair que les femmes en ont sérieusement marre de la monotonie sexuelle. Il ne faut d'ailleurs pas s'en surprendre. Dans notre premier groupe d'éveil à la sexualité, nous étions une trentaine de femmes à nous réunir deux fois par semaine en l'absence des maris ou des amants qui suivaient un séminaire parallèle de prise de conscience. Les deux groupes se retrouvaient une fois par quinzaine. Eh bien! dans mon groupe, la majorité des femmes, qui étaient âgées de dix-huit à soixante-quatre ans, n'avaient pas connu d'orgasme au cours de leurs relations sexuelles. Pour se satisfaire, elles avaient évidemment recours à la masturbation. Mais cette technique posait aussi des problèmes.

La complainte de la «mal aimée» se répétait à longueur de séances.

«J'aimerais tellement qu'un amant, un jour, une seule fois, prenne tout son temps pour me caresser comme j'en ai vraiment envie. Je ne suis satisfaite à ce niveau que quand je me fais masser. Mais une masseuse, ce n'est pas comme un amant. Malheureusement, la plupart de mes amants, je dirais presque 80 pour cent, n'avaient même pas idée de la façon dont une femme jouit. Ils essayaient de me garder debout le plus longtemps possible pour me remplir le plus longtemps possible. C'était ça leur idée de me donner beaucoup de plaisir.»

Maude, la doyenne de notre groupe, à soixante-quatre ans, avouait pour sa part qu'aucun de ses trois maris (elle est maintenant divorcée et elle a un amant) n'avait jamais su éveiller en elle la plus petite sensation sexuelle: «J'aime mieux oublier ce que fut ma vie sexuelle avec eux. Dans l'obscurité la plus complète, sans même me caresser ou ne serait-ce que m'embrasser, ils s'empressaient de me pénétrer puis, après un temps plus ou moins long, ils jouissaient et se retiraient. Ce qui m'a surtout marquée, c'est l'empressement qu'ils mettaient à aller se laver, comme si j'étais dégoûtante et qu'ils risquaient d'attraper des maladies s'ils ne se nettoyaient pas tout de suite après!»

Joan résumait bien l'atmosphère générale qui régnait quand nous abordions ce sujet: «Si vous saviez comme je suis écoeurée de ne jamais pouvoir serrer un ami contre moi simplement pour le plaisir de le tenir dans mes bras. Tout de suite, ils pensent à coucher. J'aimerais pouvoir caresser les gens, hommes ou femmes, les embrasser, sans que je passe pour une lesbienne ou pour une fille qui veut coucher. Se tenir dans nos bras, rester comme ça, sans bouger, pendant des heures, je crois que c'est ce qui m'a manqué le plus dans toute ma vie.»

En un mot, la tendresse!

À la poubelle, la technique!

«Les hommes ne pensent qu'à une chose, trancha Joan une fois que nous parlions des avantages ou désavantages des «techniques amoureuses», c'est leur pénis! Rien d'autre ne les intéresse et les seules techniques qu'ils vont adopter, c'est celles qui vont leur donner plus de plaisir... à eux et à leur pénis!»

Le mythe de la technique amoureuse est profondément ancré dans notre civilisation. Ce n'est d'ailleurs pas surprenant de voir que cette sociĕtĕ qui est nôtre est dite une «société et la technologie»! Des tas de cliniques spécialisées dans le traitement des problèmes sexuels parlent de leurs techniques infaillibles, de leurs instruments miraculeux, de cures techniquement parfaites aux résultats garantis. On croirait assister au lancement de la navette spatiale alors qu'il est simplement question de faire l'amour. Il me semble que, plus souvent qu'autrement, les gens ne font pas l'amour mais ils font la haine ou ils font l'indifférence. Ma fillette de sept ans m'avait mis cette idée en tête quand elle avait demandé ingénument à son père: «Papa, si les gens font l'amour, est-ce qu'ils font aussi la haine? et comment ils font?» Je revois encore le visage interloqué de mon mari à cette question. Pourtant, à voir les hommes se comporter avec les femmes quand ils sont supposés faire l'amour, on peut sérieusement se poser la question.

Tout ce qui semble les préoccuper, c'est la «technique». Mon fils Bruce n'y échappe pas lui non plus (quelle honte pour une thérapeute en sexologie) qui cherchait le «truc» infaillible. Malheureusement, comme les couples à problèmes l'illustrent clairement, il n'existe pas de potion magique qui va rendre une femme heureuse. On oublie trop souvent la composante «amoureuse» dans l'acte d'amour pour se préoccuper de la technique. Mais la technique en elle-même ne signifie strictement rien si l'amour est absent. On aura beau le chanter sur tous les tons mais le sexe sans amour, ça n'est rien d'autre qu'une masturbation à deux.

Comme le mentionnait une lectrice de Shere Hite:

«Si seulement les gens pouvaient baisser le masque et être francs! Les hommes sont foncièrement malhonnêtes. Aucun d'eux n'avouera jamais ses sentiments profonds; ils se comportent tous comme les héros phallocrates de *Playboy*. L'amour physique, c'est tout de même autre chose que de grimper sur une fille et d'en descendre!»

À adorer le dieu «technique», on oublie trop souvent que la technique ne remplacera jamais la simple affection, la tendresse, le simple désir de plaire à l'autre. C'est une question de respect.

Alors, comme la suggestion revenait de plus en plus souvent au cours de nos rencontres, voici donc le premier conseil, et sans doute le plus important, que les femmes peuvent donner à leurs partenaires: mettez la technique à la poubelle. Oubliez l'aspect performance des relations amoureuses. Il ne s'agit pas de gagner une course, même si plusieurs continuent de voir le sexe comme une affirmation de soi.

«Quand les hommes oublieront qu'ils ne sont pas dans une compétition pour déterminer le meilleur étalon, alors ils pourront commencer à comprendre ce qu'est vraiment la sexualité!» disait Maude. Et je crois qu'elle a raison!

Les préliminaires emm...

«Si les hommes se préoccupent parfois des préliminaires, c'est parce que ça leur donne aussi du plaisir... à eux!» Ce commentaire lapidaire de Joan illustre en effet la déplorable mentalité héritée de siècles de conditionnement. Je ne veux quand même pas jeter la pierre aux hommes. Eux aussi sont en quelque sorte les victimes de leur conditionnement. Mais il est plus difficile de leur pardonner puisqu'ils en sont les bénéficiaires directs de ce conditionnement. Mais j'admets que des progrès considérables ont été faits ces dernières

années en regard de l'importance attachée aux préliminaires.

Rappelez-vous qu'il y a à peine cinquante ans on croyait encore dur comme fer qu'une femme «honnête» n'éprouvait pas de désir sexuel, ni de plaisir à faire l'acte. Je pourrais m'amuser à vous citer des tas de références sur le sujet. Vous en trouverez amplement dans le livre de Brecher sur *Les sexologues*. Évidemment, avec cette idée en tête, les préliminaires deve-naient donc quelque chose de totalement superflu. Il aura fallu attendre encore de nombreuses années avant que les hommes commencent à se rendre compte que ces caresses préalables avaient tout de même une certaine importance. Quand toutes les femmes ont commencé à parler ouvertement de ce qui leur faisait plaisir, il leur a fallu réviser leurs conceptions. Mais on ne se défait pas de tels préjugés aussi facilement. J'ai encore en tête le cas malheureux d'une jolie jeune fille d'à peine vingt ans qui m'avait raconté que parce que ça lui prenait du temps à «se mettre en train», ses partenaires la traitaient de frigide et de nymphomane. «J'étais tellement obsédée par l'idée que j'avais quelque chose qui clochait que je n'arrêtais pas de coucher avec l'un et avec l'autre, comme pour me prouver que je finirais par en trouver un avec qui j'aurais du plaisir. Mais je n'ai jamais ressenti autre chose que de la honte de me donner ainsi au premier venu!» Bien oui, elle était «lente à démarrer» et aucun de ses partenaires n'avait eu assez d'intelligence pour la caresser le temps nécessaire pour qu'elle y trouve du plaisir. Cette jeune fille a d'ailleurs suivi une cure psychiatrique pendant plusieurs années à cause de ses expériences répétées.

«En général, les hommes ne se donnent pas la peine de prolonger les préliminaires. Ils voient ça comme du temps perdu!» Comme le mentionnait Doreen: «S'ils se donnent la peine de vous caresser les seins, c'est parce que vous en avez une paire qui les a drôlement excités. Mais la deuxième fois, vous allez voir qu'ils n'y attachent plus la même importance. Avec eux, c'est tout nouveau, tout beau, mais l'intérêt disparaît rapidement et on se retrouve toujours seule dans son coin!»

Ou, comme le disait une confidente de Shere Hite:

«Les hommes sont tellement déconcertants que ce n'est vraiment pas la peine d'essayer de faire quelque chose d'eux! Un homme qui n'aime pas les jeux sexuels ne peut être qu'un mauvais amant. Il est important de savoir prendre son temps quand on est au lit, et si l'homme est trop impatient d'en arriver à ses fins, il sera sans doute trop impatient quand il y sera parvenu. Ces types-là ignorent les joies du sexe.»

Le sexe idéal, pour une femme, ce serait donc un homme qui consacre tout le temps désiré aux préliminaires. Mais ce terme même de préliminaires devrait être rayé de votre vocabulaire. On entend généralement par «préliminaires» quelque chose qui vient tout simplement avant une autre chose. Un maillon dans la chaîne. Alors qu'aux yeux des femmes, il n'est pas question de donner la préséance à quelque chose plutôt qu'à autre chose. Faire l'amour, c'est faire l'amour et non procéder à la démonstration d'un théorème charnel.

Quand c'était si bon...

«Mes meilleures expériences sexuelles (sans coït) datent de mon adolescence. À cette époque, je me sentais animée par une force sexuelle très puissante qui pouvait surmonter toutes sortes de conventions et d'inhibitions.»

Il est révélateur de constater que, pour beaucoup de femmes, l'adolescence constitue la période par excellence où elles ont pu vraiment donner libre cours à leurs désirs sexuels et en retirer de la satisfaction. Comment? Parce qu'à cette époque elles se refusaient à aller... jusqu'au bout, comme disent les garçons. Les adolescentes permettaient donc à leur partenaire de les embrasser et de les caresser tant qu'ils en avaient envie et tant qu'elles en avaient envie aussi. Mais si elles se laissaient aller avec tant de liberté, c'était probablement parce qu'elles savaient que rien ne pouvait les forcer à consommer l'acte comme tel. Plusieurs de mes confidentes abondaient d'ailleurs dans le même sens que cette lectrice du Rapport Hite:

«J'ai eu mes meilleures expériences sexuelles à dix-neuf ans, quand j'étais encore vierge et que nous nous donnions, mes *boy friends* et moi, des caresses très poussées. Nous pouvions le faire durant des heures et, après, j'en rêvais pendant longtemps. Ce fut vraiment l'époque la plus belle, la plus délicieuse de ma vie, surtout avec un type que j'ai aimé et que j'ai fréquenté pendant deux ans.»

Lillian me racontait sensiblement le même type d'aventure: «J'ai connu l'orgasme à seize ans avec un garçon que j'adorais et qui m'aimait passionnément. Bien sûr, je pratiquais la masturbation, mais je n'aimais pas tellement à cause de tout ce que mes parents m'en avaient dit. Pourtant, avec ce garçon, il était si passionné qu'il pouvait me caresser pendant des heures et je me souviens qu'il me caressait les fesses très longtemps et il arrivait à me faire jouir uniquement en me les caressant. C'était une sensation incroyable.

Pendant des après-midi de temps j'étais étendue, nue, sur son lit, et il me caressait de ses mains, de sa bouche, sans jamais me pénétrer. Je ne prenais pas la pilule et nous ne voulions pas... d'accident! Mais quand il devenait trop excité, je le masturbais et il adorait ça. Puis, il reprenait ses caresses de mon corps, il s'amusait à explorer ma chatte de sa bouche et il disait que je goûtais merveilleusement bon. J'ai eu des orgasmes chaque fois que nous nous caressions ainsi. Puis, malheureusement, quand j'ai commencé à prendre la pilule, je me suis rendu compte que plus rien ne les intéressait sinon me posséder et ensuite, c'était fini. Dieu que je regrettais ces heures de caresses avec mon ami! Ça n'a jamais été pareil depuis ce temps-là.»

Ces commentaires devraient vous mettre la puce à l'oreille, messieurs. Pourquoi les femmes admettent-elles souvent qu'elles avaient alors infiniment plus de plaisir qu'elles n'en ont maintenant? La différence entre cette époque et la présente, c'est... la pénétration, le coït!

Quand la pénétration était hors de question, on se tournait vers d'autres comportements et ce sont ces comportements que les femmes admettent avoir adorés. Au point qu'elles en parlent encore et qu'elle en rêvent secrètement. Si les hommes s'attardent à réfléchir à cette question, ils se rendront compte que le mythe du plaisir par la pénétration ne tient pas debout. Mais il n'est pas facile de concevoir... autre chose. Je tenterai de vous en indiquer les lignes générales dans les pages qui suivent.

C'est quoi l'important pour une femme?

Au vu de ces commentaires et de ces déclarations, quel serait donc le comportement sexuel primordial pour une femme? Évidemment, ça dépend d'abord et avant tout de chacune d'entre elles. Il n'y a pas deux femmes qui manifestent les mêmes préférences, mais, de façon générale, on peut dégager certaines lignes de conduite qui permettront à un homme «sensé» d'orienter son attitude sexuelle en fonction du plaisir du couple et non en vue de sa seule jouissance égoïste comme c'est le cas maintenant.

Les éléments les plus importants de la sexualité chez la femme, c'est le contact physique sans nécessairement l'orienter vers les caresses typiquement sexuelles. Dormir ensemble, par exemple, se serrer l'un contre l'autre, s'embrasser, voilà les éléments les plus essentiels du comportement amoureux du couple pour les femmes. Évidemment, on voit tout de suite qu'il n'est plus uniquement question de «baiser» comme on dit en langage de dragueur, mais bien plus globalement de «faire l'amour»!

Mais ces remarques ne devraient pas vous surprendre, messieurs. Kinsey en avait parlé déjà en 1953 dans *Le comportement sexuel de la femme*. Voici ce qu'il en disait à l'époque:

«Dans la plupart des espèces, les mammifères se livrent en réalité à des jeux sexuels qui ne conduisent pas à l'orgasme. Presque tous les mammifères, quand ils sont sexuellement excités, se rassemblent et explorent le corps de l'autre avec leur museau, leur bouche et leurs pattes. Ils ont des contacts lèvre à lèvre, bouche à bouche et se servent de leur bouche pour caresser le corps de leur compagnon, y compris les organes génitaux... Les chercheurs qui étudient le comportement sexuel des mammifères et qui veulent les observer pendant le coït, doivent parfois attendre des heures et même des jours, durant lesquels les animaux se livrent à

26

des jeux sexuels, avant de pouvoir assister à leur accouplement; et bien souvent les couples se séparent avant même d'avoir essayé de copuler.»

En quoi les mammifères que nous sommes diffèrent-ils sinon par l'oubli de cette réalité essentielle de notre nature. Si les hommes peuvent concentrer tout leur plaisir sur leur pénis, il en est autrement de la femme. L'oublier signifie simplement aller de frustration en frustration.

L'important pour la femme dans la sexualité, ce n'est pas la fusion des sexes, ce serait là d'ailleurs l'aspect le moins important de ce comportement, ce serait plutôt une atmosphère d'affection, de tendresse, un échange de caresses, de baisers, d'embrassades qui ne s'adresseraient pas uniquement à un et un seul partenaire mais à tous ceux qui nous seraient chers.

«Le sexe serait plus enrichissant. Vis-à-vis de soi-même comme vis-à-vis des autres, l'affection, l'amour, les caresses, l'engagement sincère, à tous les niveaux possibles, seraient l'expression naturelle du corps et des émotions. Les bébés, les enfants, les animaux familiers, les vieux, les jeunes, tout le monde serait choyé et dorloté, caressé et encouragé à caresser. La grande fête des plaisirs du corps et de l'affection.»

Est-ce que ça ressemble à une séance de pelotage sur la banquette arrière d'une automobile terminée rondement en dix minutes?

Mais tout espoir n'est pas perdu et j'espère pouvoir vous montrer dans les chapitres qui suivent que ce rêve est réalisable.

3

CE QU'ELLES VOUS REPROCHENT

L'obsession des trois «P»

Je n'ai pas l'intention de reprendre ici toutes les récriminations que les femmes adressent aux hommes, surtout, comme le disait Carmen, «que la liste risquerait d'être trop longue, il faudrait rajouter des pages à ton bouquin!»

Mais ces différentes récriminations peuvent quand même être rassemblées sous des titres généraux que j'appelle les trois «P». Il y a d'abord le phénomène de la possessivité, celui du «piédestal» et enfin, le plus dangereux de tous, la «performance». Chacune de ces attitudes mène infailliblement à l'échec d'une sexualité saine et normale.

La possessivité

Il fut une époque où les femmes avaient toute liberté de choisir leur partenaire, d'en prendre un ou plusieurs, ou même aucun, tout en continuant à vivre une vie sexuelle enrichissante et satisfaisante. Malheureusement, cette époque est devenue de l'histoire ancienne. Une histoire que les hommes voudraient bien d'ailleurs faire disparaître à jamais de la mémoire de l'humanité. Pourquoi? Pour pouvoir s'assurer de la paternité de leurs enfants. Aussi étrange que ça puisse paraître, c'est simplement pour une question de pouvoir que les hommes ont institué la monoandrie, c'est-à-dire un seul homme pour une femme. Cette manie de la possession s'est aggravée au cours des âges et, aujourd'hui, la femme n'est souvent rien d'autre qu'un jouet aux mains de son mari, un objet décoratif dont il jouit sans retenue et sans avoir de comptes à rendre à qui que ce soit tant et aussi longtemps que cette «jouissance» reste dans les limites de la légalité.

Mais cette folie de la possessivité implique malheureusement une certaine attitude face à la sexualité qui empêche tout développement «normal» de la sexualité féminine. Quand on est le possesseur d'un objet quelconque, on peut en user et en abuser de la façon dont on l'entend sans en ressentir le moindre remords ou le moindre regret. N'est-il pas dit dans la Bible que la femme doit obéissance à son mari? Alors... elle n'a qu'à la fermer!

Évidemment, cette attitude tend à disparaître de nos jours, mais il ne faudrait quand même pas sauter aux conclusions. Il en existe encore énormément de ces maris, de ces amants, qui voient leur compagne de l'oeil tranquille et rassuré du possesseur. Que celle-ci soit satisfaite ou non n'y change rien et surtout, surtout, pas question qu'elle se permette d'aller voir ailleurs si par hasard elle n'obtiendrait pas meilleur traitement. Pour ces hommes, cette idée est tout simplement inadmissible.

Cette manie de la possessivité se traduit dans les faits par ce que les femmes appellent l'esclavage: esclavage économique, émotif, sexuel également.

Cette attitude chez l'homme ne peut qu'empêcher d'avoir une autre optique de la sexualité du couple. Avec tous les embêtements qui s'ensuivent.

«Je ne suis rien d'autre que la servante. Nous sommes mariés depuis vingt-deux ans, me confiait Rose, et ça fait belle lurette que mon mari et moi ne faisons l'amour (si on peut appeler ça comme ça) qu'une fois par mois au plus. D'ailleurs j'en suis tellement dégoûtée que je pourrais fort bien m'en passer. Il ne rate jamais une occasion de me rappeler que c'est lui que me fait vivre et me donne une maison, des vêtements, une voiture et voit à tout. Je troquerais volontiers tout ça pour autre chose... mais quoi?»

«Si j'ai le malheur de proférer une demande au sujet de la sexualité, mon mari prend toujours un air étonné: est-ce que je ne te donne pas tout ce que tu désires? Est-ce que tu n'as pas tout ce dont tu as envie? Bien sûr, je ne peux quand même pas te satisfaire en tout, alors qu'est-ce que ça signifie une petite frustration en regard de tout ce que je te donne? Voilà le sens exact de ses excuses quand j'essaie de lui demander de changer sa manière de me faire l'amour. Je ne prends même plus la peine d'essayer de le changer. Je suis sa putain attitrée et rien d'autre. Je m'étends, j'ouvre les jambes, c'est tout. C'est son plaisir qu'il achète avec de l'argent et de la sécurité. Mon plaisir à moi, c'est supposé être de le voir jouir!»

Le piédestal

Un autre piège où les hommes tombent facilement, c'est celui-ci: mettre la femme sur un piédestal, l'idéaliser. Il est bien évident que dans ces conditions le dialogue sexuel devient excessivement difficile, surtout quand le mari est un tant soit peu prude à ce sujet.

«Il y a tellement de caresses que j'aurais aimé échanger avec John, mais il se refusait toujours à en parler. Il me disait qu'il ne pouvait comprendre qu'une femme comme moi (il avait une telle façon de dire ce «comme moi») puisse retirer tant de plaisir de ces choses.»

«Combien de fois j'ai eu envie de dire à Harry de m'embrasser sur le sexe. J'ai des amies qui m'en parlaient et je n'osais pas leur dire que mon mari ne voulait pas le faire. Pourquoi? Je n'en sais trop rien. Parfois, je lui pressais la tête quand il m'embrassait le ventre, mais tout de suite il se relevait et devenait tout rouge, comme si j'avais posé un geste obscène.»

«J'avais rencontré un type qui me plaisait vraiment énormément, me racontait Laura. Nous nous étions rendus à mon appartement et là, je m'étais déshabillée et couchée. Quand il avait commencé à se déshabiller, j'avais rallumé la lumière pour le voir faire. Il était devenu subitement en colère: «Je ne comprends pas que tu puisses prendre du plaisir à voir un homme se déshabiller!» me lança-t-il en m'ordonnant de fermer la lumière. Je ne comprenais plus. Inutile de mentionner que notre relation fut de très courte durée!»

Placer une femme sur un piédestal, c'est dès le départ se refuser à admettre qu'elle puisse avoir des désirs sexuels. C'est refuser d'admettre qu'elle puisse avoir des exigences particulières en regard de la sexualité. C'est une façon détournée d'arriver au même résultat que précédemment: ne se préoccuper que de son propre plaisir.

Les psychanalystes ont certainement toutes sortes d'explications à ce sujet, mais le fait demeure que beaucoup d'hommes sont incapables de seulement parler de sexe avec leur partenaire tellement ils ne peuvent admettre que celle-ci puisse avoir des désirs propres.

La performance

Certainement le plus dangereux de tous les écueils qui se dressent sur la route de la recherche d'une sexualité partagée. Les hommes sont devenus si imbus d'eux-mêmes, si centrés sur leur pénis que, pour eux, faire l'amour ne signifie rien d'autre que parvenir à accomplir une sorte d'exploit. «Je l'ai fait jouir dix fois!» «Je l'ai eue toute la nuit, elle m'a supplié d'arrêter!» Quand ce n'est pas le plus prosaïque: «Les femmes sont toutes folles de ma grosse bitte!»

Pourtant, ce n'est que dans la tête des hommes que de telles situations se produisent. Et si, souvent, les femmes demandent grâce, c'est parce qu'elles sont écoeurées de servir de réceptacle à ce plaisir qui ne leur fait rien goûter, et non pas parce qu'elles ne peuvent plus supporter l'intense plaisir que leur partenaire leur fait connaître!

Le mythe de la performance enlève tout charme, toute spontanéité aux caresses amoureuses. Ça devient une sorte de jeu cruel où il faut jouir le plus longtemps, le faire le plus souvent, l'avoir la plus grosse, la plus longue, la plus mouillée, les plus gros seins, les plus gros mamelons, etc...

Toute la poésie de l'amour, sa richesse, sa grâce, tout ça disparaît au profit d'une espèce de compétition sportive dont on ne retire rien d'autre sinon que de flatter l'«ego» de son compagnon. Les femmes ont appris avec le temps que feindre l'orgasme est encore le meilleur moyen de se mettre à l'abri de ces exploits dont elles sortent trop souvent avec l'impression d'être souillées.

J'aurais pu résumer tout ce que je viens de dire sous un seul titre: le mythe du «P» où «P» signifierait pénis. Car, finalement, l'attitude sexuelle de l'homme se résume à son pénis. Tout est conçu en fonction du pénis. La femme ne sert à rien d'autre sinon que de réceptacle pour recevoir le membre rigide et lui permettre de satisfaire son désir. Quant aux désirs de la femme, ils sont, eux, ignorés, car ils ne sont pas directement reliés aux plaisirs du pénis.

Qu'il soit question de possessivité, de «piédestal» ou de performance, les résultats sont les mêmes: la frustration de la femme. Le premier pas à faire pour apprendre à faire l'amour à une femme, c'est donc de voir à ce que vous vous libériez de ces trois écueils. Dans notre groupe, le but de nos discussions franches et ouvertes, c'était justement d'essayer de faire voir à nos participants qu'ils étaient possédés par l'une ou l'autre ou par plusieurs de ces attitudes. Le dialogue est la seule porte de sortie de ces problèmes, de ces attitudes qui vous aveuglent et vous empêchent de voir que seul votre plaisir importe à vos yeux. Il faut, bien sûr, accepter de dialoguer. Sinon, vous perdez votre temps!

4

QUE FAIRE?

Oubliez votre «cinéma»!

Les hommes apprennent depuis leur enfance à jouer un certain rôle dans la sexualité. Il n'est pas besoin d'être une fine psychologue pour comprendre que, la plupart du temps, les problèmes sexuels des hommes viennent de ce rôle qu'ils doivent assumer sous peine de passer pour des «fifis», des «fillettes» ou, plus crûment, des «tapettes».

Ce rôle, c'est évidemment celui de la puissance, de la domination, de tous les stéréotypes du pouvoir. Il ne faut donc pas se surprendre que notre société soit celle qui préfère la position dite «à la missionnaire» lors de l'acte sexuel. En effet, toutes les autres civilisations préféraient une autre position mais la nôtre est celle qui a été retenue par la très grande majorité des hommes. Le fait que plus de 60 pour cent des femmes interrogées déclarent que c'est la position qu'elles préfèrent ne doit pas nous influencer cependant. Les raisons pour les-

quelles elles affichent une telle préférence sont tellement évidentes.

Mentionnons également que cette position cadre
fort bien avec toute l'idéologie de notre société. Elle
réitère la position dominante de l'homme sur la femme.
Mentionnons également que le catholicisme a longtemps prêché la pratique de cette position comme étant
la seule acceptable dans l'esprit de l'évangile. On se
demande d'ailleurs pourquoi, mais passons...

Quant aux femmes, elles ont elles aussi appris à
adopter ce rôle: celui de la soumission, de la passivité,
de l'acceptation, de l'oubli de soi, etc... Toutes ces
qualités typiquement «féminines» menaient évidemment, au chapitre de la sexualité, à la frustration la plus
complète.

«Je me souviens, raconte Ann, que lorsque j'ai fait
la connaissance de Bill, mon premier mari, j'avais
voulu lui faire comprendre à quel point il m'était plus
facile de jouir si je me mettais sur lui au lieu d'adopter la
position traditionnelle. La première fois que j'en ai fait
la remarque, j'ai eu droit à un sermon sur le sujet. Il
disait qu'il n'était pas impuissant pour laisser sa femme
faire tout le travail et qu'il n'était pas un homosexuel
pour adopter une telle position. J'avoue que je ne
comprenais pas très bien pourquoi il montait sur ses
grands chevaux à ce sujet-là, mais malgré tout l'amour
que j'avais pour lui, notre vie sexuelle fut un échec
complet.»

D'autres abondent dans le même sens. Comme
Ella: «Quand j'ai eu dix-sept ans, je fréquentais un
garçon de façon régulière et, un jour, j'ai eu l'audace de
demander à sa mère si ça lui était arrivé d'embrasser un
garçon de force. Elle m'avait longtemps regardée et
puis elle m'avait dit tout simplement: «Les jeunes filles

ne forcent pas les garçons à les embrasser. Ce n'est pas bien!» Mais elle ne m'a jamais expliqué en quoi c'était mal. Je suis toujours restée avec l'impression, quand je prenais le rôle agressif, que je faisais quelque chose de mal. Disons que loin de me traumatiser, ça donnait plus de piquant à mes aventures amoureuses!»

Mais les conséquences de l'acceptation de ces rôles sans les remettre en question nous jettent encore dans les mêmes ornières. Shere Hite a montré que plus de 70 pour cent des femmes n'arrivent pas à l'orgasme dans le coït alors que, par la masturbation, elles sont près de 80 pour cent à y parvenir sans problème. C'est donc le signe qu'il y a quelque chose qui ne va pas. Et en poussant ces recherches un peu plus loin, comme les déclarations précédentes ont pu vous le laisser penser, il faut imputer aux rôles sexuels traditionnels le fait que les femmes ne retirent pas de plaisir des relations amoureuses.

Qu'est-ce que les hommes croient que les femmes aiment?

L'ignorance masculine au chapitre des préférences sexuelles féminines est telle qu'elle a permis, pendant des générations, que les femmes vivent presque toutes dans la frustration. Même quand les sexologues ont commencé à interroger sérieusement le comportement sexuel des gens, les découvertes qui s'ensuivirent ne permirent pas de noter un changement marquant dans la conduite des affaires amoureuses.

Pour se faire une idée juste de la différence énorme qui existe entre ce que les femmes aiment et ce que les hommes croient qu'elles aiment, il a fallu attendre les années 80. Grâce à l'enqête de Sandra Kahn, nous pouvons nous faire une idée plus juste de cette différence.

Ainsi, si les femmes mettent au premier rang de leurs préférences sexuelles le cunnilingus hétérosexuel (l'homme sur la femme), les hommes ne placent qu'au troisième rang cette caresse. Les hommes croient faussement que le coït, avec la femme sur l'homme, vient au second rang des préférences féminines alors que les femmes ne lui attribuent que la quatrième position.

Plus étonnant encore, c'est que les hommes croient que le coït avec l'homme en position dominante est la position préférée des femmes alors que celles-ci ne lui donnent que la sixième position.

Ce que les femmes placent au deuxième rang, à savoir l'amour à trois avec deux partenaires mâles, les hommes ne lui attribuent que la septième place.

On ne saurait démontrer avec plus de rigueur scientifique l'ignorance crasse dont font preuve les hommes quand vient le temps de décrire les préférences sexuelles féminines.

«Mon amant est tellement ignorant que j'aurais pu lui donner toute une liste de livres pornographiques à lire mais il n'en aurait pas tiré avantage!»

«Le clitoris, mon mari ne sait pas ce que c'est. Il n'a jamais voulu le voir, ne l'a jamais touché sinon qu'accidentellement et si par hasard j'ose mentionner le sujet, il éclate en disant que je suis une obsédée sexuelle!»

Dans le Rapport Hite, on peut lire à ce sujet un témoignage qui recoupe les chapitres précédents mais qui illustre bien le refus systématique des hommes (de certains..., heureusement!) de vouloir vraiment découvrir la sexualité féminine:

«Je me suis masturbée régulièrement jusqu'à l'orgasme à partir de douze ans. Mais dès que je me suis mise à faire l'amour, les mouvements du pénis dans mon vagin ne m'ont pas du tout procuré les mêmes sensations. Quand nous faisions l'amour, il insistait tellement que je finissais par convenir que j'avais joui, mais c'était si totalement différent de ce que me donnait la masturbation que, dans mon innocence, je ne faisais pas le rapport entre les deux. Puis j'ai fait l'amour avec un autre homme pendant deux années, dont une de vie commune. Nous nous sommes contentés de caresses pendant les trois premiers mois, avant que je lui cède, et que je prenne la pilule. Pendant ces trois mois, ce fut l'extase... jamais de ma vie je n'avais eu de tels plaisirs sexuels. Le jour même où j'ai été protégée par la pilule, nous avons fait l'amour dans un parking bondé, sous le volant. Il a joui instantanément (ça peut se comprendre après une si longue période de caresses, quand je risquais d'être enceinte). Nous avons été profondément déçus tous les deux et pendant les deux années qui suivirent, notre vie sexuelle a été plutôt terne. Les caresses préliminaires ne me faisaient guère d'effet (je n'arrivais pas à m'y habituer après les heures passion-nées que j'avais vécues étant vierge); et parfois il restait en moi une éternité et n'arrivait pas à jouir. C'est alors que j'ai commencé à réaliser que Steve ne touchait jamais mon clitoris et je savais très bien, à cause de ce que j'éprouvais en me masturbant, qu'il pouvait me donner des sensations intenses en me caressant là. J'ai essayé de lui expliquer gentiment ce qu'il devait faire et il s'est mis très en colère: «Alors! À ton avis, je ne suis pas un bon amant?», etc. J'étais atterrée, et, après quelques molles tentatives, j'ai renoncé à lui expliquer quoi que ce soit.»

Voilà à quoi conduit l'acceptation silencieuse des rôles que nous assigne la société en regard de la sexualité. Pour une femme, il n'y a pas d'autre alterna-tive, d'après les hommes, que le fameux «sois belle et tais-toi». Il ne faut pas se surprendre de voir que de plus en plus de femmes se tournent vers d'autres femmes pour obtenir le plaisir que les hommes, par ignorance ou par entêtement, refusent de leur faire connaître. Pourtant, comme le dit Alicia:

«Il serait tellement plus merveilleux pour Alan et moi de pouvoir nous livrer tout entier tous les deux, sans restrictions. Une fois, après nous être caressés pendant des heures sur une plage déserte, j'ai pris son pénis dans ma bouche et je lui ai donné du plaisir et ensuite, quand je lui ai demandé de me faire la même chose, il s'y est refusé en riant en prétendant qu'il n'aimait pas mon odeur «là»! J'étais tellement enragée que je l'ai plaqué là et je suis retournée seule en ville. Pourtant, il a tellement eu de plaisir, pourquoi refuser de me rendre la pareille? Je sais que son histoire de sentir mauvais est fausse. Nous avions passé pratiquement trois heures à nous baigner dans la mer, alors?»

Faire l'amour à une femme, ça implique que dès maintenant, dès cette page, dès cette ligne, vous remettiez en question vos opinions sur le sujet. Si vous persistez à refuser de reconnaître que la sexualité féminine est différente de la vôtre, si vous persistez à dire que le coït est la seule façon «normale» de jouir pour une femme avec un homme, alors ne perdez ni votre temps ni votre argent et refermez ce livre. Il n'est certainement pas pour vous!

5

PRATIQUEZ QUAND VOUS ÊTES SEUL!

Vos p'tites bibittes

Faites-vous la grimace en vous voyant, la tête entre les jambes de votre partenaire, parcourant de votre langue tous les plis et replis de la fleur de son sexe? Vous voyez-vous la caresser de votre bouche de la tête aux pieds, passer votre langue sur ses fesses, prendre ses orteils dans votre bouche et les sucer amoureusement un à un? Si ces pensées vous font frissonner, il serait peut-être temps que vous pensiez à parler de vos inhibitions à quelqu'un. Car vous souffrez d'inhibitions. La raison peut en être une éducation particulièrement prude et rigide, une expérience oubliée mais qui vous a profondément marqué, la vision d'une femme menstruée, bref, ça peut être bien des choses, mais c'est un fait que beaucoup d'hommes envisagent difficilement cette forme de caresse. Pourtant, il ne leur viendrait certainement pas à l'idée de refuser de s'y soumettre.

Quand ils la refusent, c'est plus souvent le signe qu'ils refusent de rendre la pareille, comme dans ce que nous racontait Sylvia au cours d'une de nos réunions:

«J'avais rencontré un garçon absolument charmant au cours d'une fin de semaine et nous nous étions revus une autre fois. La deuxième fois, je l'avais invité à venir prendre un verre chez moi et comme j'avais beaucoup envie de lui, je ne me suis pas trop effarouchée quand il s'est mis à vouloir jouer les séducteurs. Nous nous sommes caressés pendant très longtemps, c'était magnifique. Il était doux et délicat, exactement comme j'avais voulu qu'il soit. Et j'étais tellement plongée dans mon univers de plaisir sexuel que je le poussai sur le dos et que ma bouche se mit à descendre sur son ventre. Je me rendais compte qu'il se raidissait sous ma bouche et puis quand je voulus saisir son pénis, il roula sur le ventre et resta là, sans rien dire.

«J'essayai d'en parler avec lui et je lui dis qu'il n'avait pas à s'en formaliser, que ça me faisait énormément plaisir de le caresser de cette façon et que je ne ressentais aucune inhibition à ce sujet, mais il refusa systématiquement. Je n'insistai pas, mais plus tard, quand nous eûmes oublié l'incident et que nous eûmes repris nos caresses, je voulus pousser sa tête sur mon sexe. Et alors il se releva, se mit à me traiter de traînée, de salope, de toutes sortes de choses désagréables. J'avoue que je ne comprenais vraiment pas. Nous nous sommes quittés sur ce malentendu. Je me rends compte aujourd'hui que la seule pensée du sexe oral le rendait littéralement malade.»

Avant de penser à bien faire l'amour à une femme, commencez par faire votre examen de conscience. Trop souvent, les hommes sont prêts à rejeter sur les femmes les conséquences de leurs propres problèmes sexuels. Combien de femmes ne se sont-elles pas fait dire par des amants, qui jouissaient trop rapidement, qu'elles étaient froides parce qu'elles ne pouvaient jouir aussi rapidement? Je pourrais citer bien d'autres exemples de ce genre de mentalité.

D'autres, comme dans un exemple cité plus haut, ont peur de se déshabiller devant leur partenaire. Aussi étrange que cela puisse paraître, cette peur est très fréquente de nos jours. Parce que la publicité fait tellement état de l'esthétique mâle, il ne faut pas se surprendre que beaucoup d'hommes aient honte de leur corps. C'est une attitude dont il vous faut absolument vous défaire.

Et à cause des stéréotypes sexuels si répandus dans notre société, il existe quantité d'autres peurs masculines qui se manifestent très fréquemment. Les hommes, ils en ont d'ailleurs fait mention dans l'enquête de Shere Hite sur la sexualité masculine, ont très souvent peur de ne pas être «à la hauteur» (si seulement ça signifiait quelque chose!), peur de ne pas avoir d'érection, peur de ne pas garder leur érection suffisamment longtemps, peur de ne pas pouvoir faire jouir leur partenaire, etc...

On voit que tous ces problèmes, sinon la majorité, proviennent de l'acceptation aveugle des hommes des stéréotypes sexuels. Il est donc clair que le premier pas que vous avez à faire, c'est de vous questionner sérieusement sur vos opinions à ce sujet.

Louisa nous racontait d'ailleurs que son premier mari était du genre préoccupé par les stéréotypes et que ça les a rapidement menés au divorce: «Charlie était un homme merveilleux mais qui ne le faisait jamais voir. Il voulait toujours avoir l'air dur, être le meilleur, quoi. Le problème, c'est qu'il adoptait la même attitude dans le lit. Il avait un gros pénis et il passait son temps à me dire que j'étais chanceuse de pouvoir avoir un homme aussi bien pris. Il se retenait le plus possible, restait en moi le plus longtemps possible et n'était pas satisfait tant que je ne lui demandais pas de se retirer. La vérité, c'est qu'il me faisait mal. Finalement, un soir qu'il voulait me prendre et que je refusais, il se fâcha et voulut me battre. Je ne l'avais jamais vu dans un tel état. J'ai essayé de parler avec lui, mais il était obsédé par cette idée qu'il était si bien pris qu'il pouvait satisfaire n'importe quelle femme et qu'il pouvait en avoir à la pelle, que je pouvais prendre la porte si je n'étais pas contente et tout le tralala... Non, je ne m'étais jamais attendue à un pareil éclat, à une pareille engueulade. J'essayais de lui expliquer qu'il ne me suffisait pas de me faire remplir par un pénis, si gros soit-il, je voulais aussi de la tendresse, des baisers, des caresses. Mais lui n'était pas capable de comprendre ça. Son gros pénis suffisait, croyait-il. Nous avons divorcé quelques semaines plus tard.»

Vos problèmes... petits et gros

Si le dialogue, si la lecture et l'apprentissage peuvent vous permettre de vous défaire assez facilement de ces peurs provoquées par les conceptions traditionnelles de la sexualité, il peut se produire cependant que vous soyez aux prises avec d'autres types de problèmes, des problèmes qui semblent échapper à votre contrôle et qui vous empêchent de vraiment laisser libre cours à votre sexualité.

Ces problèmes peuvent être l'éjaculation prématurée, un phénomène excessivement répandu dans notre société, ce peut être aussi l'éjaculation retardée ou même l'impuissance.

Je n'ai pas l'intention d'entrer dans les détails de ces problèmes, mais je vous dirai tout simplement que dans l'état actuel de la science sexologique ces trois types de problèmes sont guérissables. L'éjaculation prématurée est d'ailleurs le problème le plus facile à traiter de toutes les afflictions psychosexuelles.

L'éjaculation retardée demande plus de traitements, mais les résultats sont quand même très encourageants. Quant à l'importance, dépendant des circonstances, des causes de votre problème, les traitements sont aussi très efficaces. Je vous renvoie à des ouvrages plus spécialisés pour voir à ces problèmes, ou, plus simplement, allez donc consulter un thérapeute. Ce sera de loin la meilleure solution et le chemin le plus court vers une sexualité saine et plus satisfaisante.

Vous connaissez-vous vraiment?

Inutile de vous le cacher à vous-même, la masturbation est une activité sexuelle excessivement répandue chez les hommes (comme chez les femmes d'ailleurs). Mais cette pratique ne devrait pas constituer seulement pour vous un moyen de vous soulager quand vous ne pouvez le faire autrement. Woody Allen disait dans son film *Love and Death* en réponse à la question: «Faites-vous souvent l'amour?», «Non, mais je m'entraîne beaucoup quand je suis seul!» Ça semble idiot à dire de cette façon, mais la masturbation vous donne l'occasion de vous connaître beaucoup plus intimement.

Examinez attentivement les fantasmes que vous imaginez quand vous vous masturbez, essayez de prendre conscience de toutes les parties de votre corps afin de mieux en découvrir le potentiel sexuel et surtout, surtout, apprenez donc à mieux vous contrôler.

L'apprentissage de ce contrôle peut se faire de façon très simple: vous vous masturbez jusqu'au bord de l'éjaculation et alors, vous cessez tout mouvement. Vous recommencez ainsi à quelques reprises de façon à bien connaître vos réactions et à mieux les maîtriser quand vous ferez l'amour avec une partenaire.

Ce peut être aussi le moment de pratiquer d'autres méthodes pour retenir votre éjaculation. La méthode ci-haut en est une connue sous le nom de «la pause». La «vis» en est une autre qu'on désigne aussi parfois du nom de «squeeze». La technique en est simple. Quand vous arrivez au moment de l'éjaculation, il s'agit de presser de vos doigts sous votre scrotum de façon à bloquer l'urètre et de cette façon diminuer sensiblement votre érection. Ne vous inquiétez surtout pas, celle-ci reviendra rapidement et vous pourrez continuer vos ébats jusqu'à ce que la pression se fasse encore trop intense et que vous répétiez le même geste.

De cette façon, vous pourrez prolonger de beaucoup vos ébats sexuels et cela vous permettra même de les prolonger de sorte que vous pourrez être en mesure de satisfaire votre partenaire avant que de vous laisser aller à l'éjaculation.

Mais nous reparlerons plus loin de ces aspects et de bien d'autres encore.

6

UN «MUST»
AU MOINS UNE FOIS DANS
VOTRE VIE

Le toucher: un but en soi!

«Je me souviens toujours avec plaisir de certaines expériences que j'ai eues quand j'étais jeune. J'avais un copain qui m'aimait énormément et qui passait des heures et des heures à me frotter dans le dos. Je restais étendue à le laisser faire tandis que ses mains douces et caressantes glissaient sur ma peau. J'en avais énormément de plaisir. Plus même que de me faire caresser ailleurs. Je n'ai jamais osé en parler à qui que ce soit tellement j'avais peur de passer pour une anormale. Mais pour moi, me faire caresser dans le dos de cette façon-là, c'était le meilleur moyen de réveiller mes appétits sexuels!»

Cette confidence de Laurie peut paraître un peu spéciale mais c'est un fait que beaucoup de femmes adorent se faire masser. Il n'est pas question ici d'un massage professionnel conçu pour assouplir les muscles, mais un petit massage intime, en douceur, tout en douceur, qui permet de se faire caresser par tout le corps et qui éveille des désirs vraiment puissants. Nous avons pu voir que d'autres aussi, comme Laurie, ressentaient de telles sensations quand elles se faisaient caresser longtemps une certaine partie de leur corps. Comme Lillian qui, elle, jouissait seulement à force de se faire caresser les fesses. Nous pourrions citer de nombreux autres exemples, comme dans le cas de Mary:

«Je n'ai jamais été une fille très sensuelle. Ou peut-être que ma sensualité n'a jamais eu la chance de s'exprimer, je n'en sais rien, ou plutôt je n'en savais rien... jusqu'à ce que je rencontre Lynn. J'étais étudiante à cette époque et j'avais décidé de passer les vacances au Massachusetts sur le bord de la mer. Je préparais une thèse de recherche et je passais beaucoup de temps à travailler. Aussi mon passe-temps préféré, c'était d'aller me baigner et m'étendre au bord de la plage pour me relaxer avant de poursuivre mon travail.

«Lynn passait aussi l'été là-bas et je me liai rapidement avec elle. Elle était amusante et surtout elle ne demandait pas mieux que de passer son temps avec moi. Elle me distrayait en quelque sorte. J'ignorais évidemment qu'elle était lesbienne et que c'était la raison de l'intérêt qu'elle me portait.

«Bref, un après-midi que je ne me sentais pas bien, j'avais gardé le lit et Lynn était venue voir si elle ne pouvait rien pour moi. Quand elle sut que je ne me sentais pas très bien, elle me proposa un remède miracle, me dit-elle. Un massage avec une huile faite à partir de je ne sais plus quelles herbes aromatiques. J'acceptai et m'étendis sur le ventre. Pendant des heures ses mains parcoururent mon corps de haut en bas. Je flottais littéralement et insensiblement, je sombrai dans une sorte d'état euphorique merveilleux. Ses mains étaient comme de la ouate partout sur moi et quand elle me tourna sur le dos, je ne protestai même pas, trop heureuse de me livrer encore à ses caresses. Elle fut aussi lente et aussi patiente qu'auparavant, mais elle s'occupa particulièrement de mes seins qu'elle caressa pendant très longtemps. J'en avais mal aux seins tellement elle m'avait excitée. Puis quand elle continua à me pétrir les cuisses, je sentis naître dans mon ventre de tels élancements que j'en étais moi-même surprise. Jamais je n'avais ressenti le désir avec autant d'intensité. Jamais je n'avais goûté une telle passion. Et quand ses mains glissèrent sur mon sexe, je l'accueillis avec un bonheur immense comme si elle était l'amante longuement désirée. De toute ma vie je n'ai eu d'orgasmes aussi puissants que ceux que Lynn a su faire naître en moi. J'ai eu beaucoup d'amants par la suite et souvent, devant ma froideur apparente, ils se décourageaient. Je leur demandais de me masser, mais ils s'y prêtaient avec mauvaise grâce, de sorte que nos relations étaient toujours frustrantes.»

Le toucher est un but en soi. Les femmes adorent se faire caresser par tout le corps. Pourquoi? Tout simplement parce que, contrairement à l'homme qui a tout loisir de concentrer son plaisir sur son pénis, la femme, elle, goûte le plaisir sexuel par tout le corps. C'est tout son corps qui est son organe sexuel. Les confidences que je vous ai livrées dans *Le sexe idéal* indiquent bien que les femmes adorent se faire caresser, sur tout le corps, et pas seulement à quelques endroits bien particuliers. Le toucher est d'ailleurs le meilleur moyen pour établir une relation privilégiée avec quel-qu'un, homme ou femme. Malheureusement, les hommes ont appris qu'il vaut mieux ne pas se laisser aller à de telles pratiques qui ne sont pas suffisamment «viriles». On se demande où vous allez pêcher une telle idée.

Un bonheur insoutenable!

Comme dans le récit précédent, il arrive très souvent qu'une femme qui soit apparemment froide ou dépourvue de tout désir sexuel soit seulement insuffisamment excitée. Cela se produit beaucoup plus souvent que vous ne le croyez. Les hommes ont souvent tendance à croire que le clitoris n'est rien d'autre qu'une sorte de bouton de démarrage et que, dès qu'on y porte la main, le reste se produit tout seul et permet de poursuivre le déroulement des caresses. Évidemment, c'est totalement faux!

Une femme a des ressources érotiques insoupçonnées. Et si vous ne vous donnez pas la peine de les découvrir et de les exploiter à fond, vous ne parviendrez jamais à faire connaître à votre partenaire les élans de passion que vous voudriez lui voir vous manifester.

Il n'y a pas meilleur moyen d'atteindre ce but que de lui faire un massage. Inutile de vous dire que vous n'avez pas besoin de suivre un cours pour faire un massage satisfaisant. Dans le but bien évident d'exciter votre compagne et de la mettre dans l'atmosphère, contentez-vous de faire des mouvements souples et caressants sans appliquer de pression qui serait malvenue.

Commencez par prendre un bon bain dans une eau parfumée, puis passez dans la chambre où vous faites étendre votre compagne par terre. Sur le lit, un massage ne donne pas les résultats souhaités parce qu'il n'est pas assez rigide. Enrobez-la ensuite d'une huile odorante tout en créant une ambiance encore plus romantique

58

avec de la musique, sa musique préférée il va sans dire.

Puis doucement, en prenant tout votre temps, en vous accordant les pauses nécessaires pour vous reposer, laissez vos mains explorer tout le corps de votre partenaire. Commencez par la tête. Les caresses à la tête l'aideront énormément à relaxer et à se détendre en vue de la suite. Surtout, prenez tout votre temps, rien ne vous presse. Que vos mains se fassent douces comme de la soie, comme de la plume. Massez de toute la paume de vos mains bien huilées. N'appliquez pas de pression trop forte si vous ne maîtrisez pas suffisamment tous les mouvements du massage. L'important ici, ce n'est pas de faire un vrai massage, mais de stimuler tout le corps de votre compagne, de lui laisser le temps d'accroître son énergie sexuelle de sorte que, par la suite, elle se sentira dans l'atmosphère désirée pour passer à d'autres caresses.

Ne laissez aucune parcelle de sa chair inexplorée. Le front, les joues, la mâchoire, les oreilles, surtout les oreilles qui sont habituellement le siège de fortes sensations érotiques chez beaucoup de femmes. Ne vous gênez pas pour lui murmurer toutes sortes de petits mots doux. «Tes seins sont adorables avec les reflets de la bougie!» «J'aime le grain de ta peau!» N'hésitez pas à commenter vos gestes, parlez-lui de chacune des parties de son corps, murmurez-lui toutes sortes de petits riens. Dites combien vous avez envie de lui faire l'amour. Mais n'insistez pas trop pour la rendre folle de désir. Laissez-la s'imprégner doucement de toute cette atmosphère si merveilleusement érotique.

Ce genre d'expérience est une nécessité au moins une fois dans votre vie. Évidemment, cela implique que vous vous libériez vous-même de certaines idées fixes qui relèvent de la névrose plus que d'une saine sexualité. Il n'y a rien de mal à dire à votre compagne que vous la trouvez belle et que vous la désirez. Comme il n'y a rien de mal à la caresser lentement sur tout le corps, en vous attardant aussi longtemps qu'il vous plaira à n'importe quelle région en particulier.

La lente montée du plaisir

«J'aime particulièrement quand il se met à me caresser les cuisses. Elles sont très sensibles et quand il y porte les mains, c'est comme si j'avais des milliers de petites aiguilles qui se mettaient à me piquer à l'intérieur du vagin. Au fur et à mesure que ses caresses persistent, mon clitoris me donne l'impression d'enfler au point d'éclater et à mesure que ses mains se rapprochent de mon sexe, je suis prête à exploser en mille morceaux. Ce qui ne rate jamais dès qu'il y porte les mains. Et ensuite, je peux avoir des orgasmes à la chaîne, comme une série de pétards qui exploseraient tous les uns après les autres. C'est tout simplement divin... malheureusement il me le fait une fois à toutes les lunes!»

Norma a bien raison de se plaindre, surtout si les manipulations de son partenaire lui procurent de telles voluptés. On comprend qu'un amant n'a pas toujours le temps ou l'envie de vous faire un massage, mais le point important qu'il faut souligner ici, c'est qu'il n'est pas nécessaire de le faire chaque fois que vous faites l'amour. Faites-le une fois de temps à autre, histoire de vous remettre en contact avec toute l'anatomie de votre partenaire et surtout de façon à permettre à celle-ci de se baigner dans la douce sensualité qui émane de sa personne tout entière.

L'autre point essentiel et peut-être le plus fondamental, c'est qu'il n'est pas besoin d'attaquer les seins de votre partenaire ou son sexe, pour lui donner envie de faire l'amour. Parfois, il suffit de bien peu de choses. Comme, aussi, il n'est même pas besoin, pour lui donner tout le plaisir dont elle a envie, de la caresser ailleurs qu'à un certain endroit, comme en fait foi cette confidence de Cora:

«J'ai eu un amant que je trouvais tout simplement formidable et avec lequel je serais probablement encore s'il n'avait choisi d'aller vivre à l'autre bout du continent. C'était un esthète, un amateur de beau et en même temps un épicurien. Il aimait le plaisir et ce qu'il adorait par-dessus tout, c'était de pouvoir nous exciter tous les deux jusqu'à ce que nous nous mettions à hurler de désir. Évidemment, on n'en rencontre pas à tous les coins de rue des types semblables et c'est probablement pour cette raison que si ça continue comme ça, je vais aller le rejoindre.

«Il aimait particulièrement mes seins qu'il commentait avec toutes sortes de phrases poétiques et d'images amusantes. Mais ce que j'aimais par-dessus tout, c'est quand il me faisait m'étendre sur le divan et qu'il se plaçait à genoux près de moi, sur un coussin. Il répandait de l'huile sur ses mains et il se mettait à me caresser les seins avec toutes sortes de petits mouvements excitants des doigts. Il ne se servait que de ses mains, mais il le faisait très longtemps. Au début, je trouvais ça un peu bizarre, mais au fur et à mesure qu'il me les caressait, je sentais ma chatte palpiter, comme si elle devenait vivante en quelque sorte. C'était une sensation particulière et très douce, très lente. Lui, il me caressait les seins de ses paumes avec de larges mouvement circulaires, puis il les pinçait tout doucement à petits gestes rapides, il prenait les mamelons, les étirait en douceur, les écrasait, les palpait, les réchauffait de son haleine chaude. C'est bien simple, il me suffisait d'une demi-heure pour que je perde les pédales. Il m'arrivait souvent de me masturber pendant qu'il me caressait ainsi. La douceur de ses mains sur mes seins augmentait tellement mon plaisir qu'ensuite j'étais totalement repue, comme si j'avais fait l'amour toute la nuit... Et alors j'étais tellement heureuse de pouvoir m'occuper de lui et le remercier de ses merveilleuses caresses. Ce qui me rendait encore plus heureuse, c'est qu'il me le faisait souvent...»

Mais vous n'avez pas besoin de vous attarder aussi longtemps au même endroit pour accroître le désir chez votre partenaire. Voici comment Linda aimait se faire masser:

«Ce que j'aime surtout, ce sont les caresses sur toute la grandeur de mon corps. Pas d'endroit en particulier, mais de grands mouvements du bout des doigts, des effleurements qui partent de mes épaules, saluent mes seins, descendent sur mon ventre, divaguent sur mes flancs, passent sur mon pubis pour accrocher mon sexe et continuer sur mes cuisses puis quand elles remontent de la même façon, c'est plus fort que moi, on dirait que ça fait monter en même temps tout le désir de mon corps. Je me surprends à arquer les hanches comme si ce léger attouchement allait soudain se continuer à l'intérieur de mon vagin et me faire éclater de bonheur!»

La grande majorité des femmes pourraient faire également de tels commentaires car se faire caresser sur tout le corps représente certainement une forme de caresse qu'elles désirent de tout coeur mais qu'elles ne sont pas habituées à recevoir. D'ailleurs pour vous en convaincre, messieurs, vous n'avez qu'à constater la popularité des massages. Cela devrait vous ouvrir les yeux.

L'art de la suggestion

Les paroles de Linda devraient aussi vous faire comprendre qu'il n'est pas besoin, pour amener votre compagne à un niveau d'excitation intense, de vous attarder particulièrement à ses organes génitaux ni surtout de les caresser avec insistance. Souvent, le résultat de votre massage sera exactement le même, mais accru d'au moins cent pour cent par rapport à ce qu'il serait si vous vous étiez contenté de lui masser le sexe pendant de longs moments. Car c'est une particularité de la femme que de pouvoir goûter tout le plaisir sexuel par tout son corps. Et ne vous inquiétez pas si elle a plusieurs orgasmes pendant que vous continuez votre massage. Une femme peut théoriquement avoir des orgasmes l'un après l'autre indéfiniment. Seul l'épuisement physique mettra un terme à sa capacité de jouissance contrairement aux hommes qui, après quelques éjaculations, sont absolument incapables de poursuivre. Dans la grande majorité des cas, une seule éjaculation suffit à les satisfaire pleinement. Il n'en est pas de même pour les femmes, d'où la nécessité de leur procurer beaucoup plus de stimulation.

Comme je le disais, quelques lignes plus haut, vous n'avez pas besoin d'insister particulièrement aux régions typiquement sexuelles de votre compagne pour augmenter son désir et son plaisir. La suggestion, l'effleurement, le frôlement, voilà des moyens qui vous permettront d'obtenir le même résultat et peut-être même plus. Une pression trop insistante sur le clitoris après avoir passé de longs moments à lui caresser tout le corps peut provoquer une décharge salutaire de sa tension sexuelle, mais elle ne sera certainement pas aussi intense, ni aussi globale, aussi totale que si vous poursuivez vos caresses sans vous attarder outre mesure à ses organes génitaux.

D'ailleurs elles sont nombreuses celles qui, dans notre groupe, disaient qu'elles arrivaient à des orgasmes très intenses au fur et à mesure que le massage se poursuivait. Car ça faisait partie des cours que de se soumettre à un tel type de massage.

Ainsi Jaclyn:

«Au début, je me sentais gênée, mal à l'aise. Je n'avais jamais été soumise à un tel traitement et je me sentais... oui, vraiment mal dans ma peau. Comme si c'était mal en quelque sorte. Puis, petit à petit, les caresses m'ont calmée, détendue. Surtout sur la nuque, c'est un de mes points sensibles. Alors, j'ai réussi à me laisser aller complètement et, tout à coup, ce fut comme une sorte de douce chaleur qui se répandait tranquillement dans tout mon corps. Je sentais mon coeur battre régulièrement et pourtant j'avais l'impression d'être très excitée. Mes mamelons étaient très gonflés et je les sentais comme s'ils allaient éclater. Les ondes de chaleur semblaient partir de mon plexus et irradier partout dans mon corps. Quand je les sentais dans mon sexe, elles s'amplifiaient et revenaient plus fortes encore, comme une sorte d'écho. Même s'il ne me touchait ni les seins ni le sexe, ça m'excitait horriblement. Plus ça allait et plus le désir d'être possédée, pénétrée, devenait de plus en plus intense, jusqu'à ce que ses doigts touchent mon clitoris et provoquent un orgasme. Alors, je me calmais quelques instants, mais tout de suite après la même tension se mettait à augmenter encore et encore. C'était un merveilleux supplice. Je m'y soumettrais certainement tous les jours!»

Au moins une fois dans votre vie!

Pour un rendez-vous de passage, une aventure d'un soir, ce petit massage érotique constitue une entrée en matière qui mettra certainement votre compagne très à l'aise pour faire ensuite tout ce qui vous passe par la tête. C'est probablement la meilleure introduction qui soit.

Si vous êtes avec une compagne depuis quelque temps, ou si vous êtes marié, alors, par pitié, ne ratez donc pas l'occasion de montrer à votre compagne que vous avez à coeur de lui faire goûter le bonheur à elle aussi. Évidemment, j'y reviens parce qu'on m'en parle souvent, vous n'avez pas besoin de faire ça tous les jours ou chaque fois que vous faites l'amour. Mais une fois de temps à autre ou, à tout le moins, une fois dans votre vie!!!

D'autant plus que vous disposez là d'un moyen infaillible pour découvrir toutes ces petites zones sensibles de l'anatomie de votre partenaire. Parfois, les lobes des oreilles sont si sensibles que de les caresser tendrement, ou les chatouiller, provoque chez elle des envies irrésistibles. Ou comment savoir, à moins qu'elle ne vous le dise, que ses cuisses constituent pour elle son point faible? Ou, comme Lillian, que ses fesses suffisamment caressées peuvent lui faire goûter des orgasmes très intenses, ou que ses mamelons, quand ils sont longtemps sucés, provoquent dans son corps des élancements voluptueux et irrésistibles?

Un massage, une fois de temps à autre, voilà qui vous permettra de faire les découvertes nécessaires de l'anatomie de votre compagne et qui vous permettra ensuite de la caresser de telle sorte que sa tension sexuelle sera au moins égale à la vôtre.

7

COMME DANS HARLEQUIN

Des fantaisies révélatrices

«J'imagine que je deviens soudain une femme très belle et très attirante (dans la réalité, je suis assez quelconque). Mon mari et moi sommes au lit dans une ambiance luxueuse, d'habitude dans un hôtel, loin de chez nous. Je vois même la bouteille de champagne dans le seau argenté. Je pense aux gens qui marchent dans le corridor, à quelques mètres seulement. Comme ils nous envieraient s'ils savaient ce que nous faisons. J'aime surtout l'idée que nous ne sommes pas chez nous, mais dans une chambre d'hôtel, car les hôtels sont un lieu provisoire où il peut se passer n'importe quoi. Lorsque j'étais petite fille, je croyais que seules les très jolies femmes habitaient de merveilleux palaces, comme ceux que j'avais vus dans les films. Il n'y avait pas de grand hôtel dans la ville où j'ai été élevée et, bien sûr, puisqu'il s'agissait de cinéma, toutes les femmes étaient belles.

«Je suis tout à fait moi-même avant d'arriver au stade dont je viens de parler, mais lorsque je commence à me sentir cette autre femme, je me mets à chevaucher mon mari et à me donner du plaisir avec son superbe pénis. Je suis assise sur lui, je bouge de haut en bas, je ferme les yeux et je regarde cette autre femme ravissante qui est pourtant moi, mais ailleurs, mais en dehors de moi-même. Je la vois si nettement que j'arrive même à l'encourager...»

Ce fantasme tiré de Nancy Friday, *Mon jardin secret,* est indicatif de ce que la grande majorité des femmes demeurent, au fond, d'incurables romantiques. Bien sûr, elles ne l'avoueront pas toutes, surtout comme Jo-Ann, ma fille de quinze ans, qui se fait déjà une ardente défenderesse du féminisme, mais la plupart des femmes ne restent pas insensibles à une certaine atmosphère romantique.

Comme dans les romans d'amour...

Les hommes auraient tout intérêt à lire quelques romans d'amour, de ces romans qui se vendent comme des petits pains chauds et qu'on trouve dans n'importe quel magasin. Tout y est décrit d'une façon si outrancière qu'on peut se demander comment on s'y laisse prendre. Et pourtant, on s'y laisse prendre. Comme l'avouait Nancy:

«C'est tellement fou, je le sais. Mais après avoir passé la journée à surveiller les deux mioches, à préparer les repas, à faire les courses, à attendre Larry, mon mari, qui est représentant d'une industrie électronique, et après avoir rangé, lavé, nettoyé, repassé, mouché, torché, je m'installe tranquillement devant la télé et je prends un de ces petits romans pas chers. C'est tout à coup comme si je fermais les yeux et que j'entendais le murmure des vagues de la mer Égée où je ne suis jamais allée. C'est comme si je devenais tout à coup cette héroïne mignonne et innocente qui ne sait pas encore qu'elle va découvrir que son véritable père est un milliardaire grec et qu'elle va ensuite passer le reste de ses jours à se faire bronzer sur les plus belles plages du monde.»

Bien sûr, quand la vie est terne et sans surprise, on se fait soi-même son petit univers fantaisiste où il fait bon se retrouver pour vivre toutes sortes de situations toutes plus merveilleuses les unes que les autres. Faut-il se surprendre ensuite que les femmes soient sensibles à une certaine atmosphère qui emprunte des éléments de ces contes de fées qu'elles aiment tisser dans leurs moments libres?

Pourquoi les hommes ne se donnent-ils donc pas la peine d'emprunter eux aussi à ce tissu de pieux mensonges pour créer l'illusion qu'une partie du moins de ces rêveries merveilleuses peut devenir réalité? Pourquoi croyez-vous que les femmes ressentent une telle attirance pour les Italiens? Les avez-vous déjà observés attentivement quand ils font la cour à une femme? Il n'y a qu'elle qui compte! Elle devient en quelque sorte le centre de sa vie... même si elle sait fort bien que ce n'est que pour un moment. Pourquoi croyez-vous que les femmes soient tellement sensibles au doux murmure de lèvres amoureuses qui prononcent leur prénom au moment de l'extase?

Les femmes aiment personnaliser ces situations, érotiques ou non. Elles aiment se sentir le centre d'attention, le centre d'intérêt. Ces romans d'amour dans lesquels elles se noient avec tant de volupté ne font que reprendre encore et toujours le même scénario en en changeant les données secondaires et représentent en quelque sorte une soupape de sûreté. Mais si un mari attentionné prend la peine de lui téléphoner à l'improviste dans la journée pour lui dire qu'il l'aime et qu'il a hâte de retourner à la maison pour être à ses côtés, pour la voir, la caresser, il est évident qu'à ce moment-là c'est un peu comme si son rêve devenait réalité.

«Ce que j'aime dans ces romans, avouait Arlene, c'est que je peux goûter une affection, une tendresse, un romantisme que je ne connais pas et que j'ai pourtant tellement envie de connaître. Je ne veux pas dire par là que je me sens fustrée, mais si je réfléchis sérieusement à la question, je suis bien obligée de me rendre à l'évidence et de répondre: oui, à ce niveau-là, je me sens frustrée. Les romans d'amour m'aident à conserver un certain niveau de contentement romantique, si je peux dire. Si je ne les avais pas, je ne sais vraiment pas où je trouverais ça... peut-être à la télévision parce qu'elle a un visage, un corps, différent du nôtre, du mien. Tandis que dans un roman d'amour, on oublie vite la description de l'héroïne et on se met à sa place.»

Les petits riens qui font tout

Vous, messieurs, pourriez tirer des tas de renseignements précieux en lisant quelques-uns de ces petits romans d'amour sans présention. Peut-être y trouveriez-vous quelques indications sur les petits riens qui font battre le coeur des femmes. Car il suffit souvent de peu de choses pour qu'une femme vous voie d'un autre oeil. Il suffit d'une rose glissée discrètement avec un simple sourire en guise d'accompagnement. Quand votre épouse vous demande le pourquoi de cette charmante attention, pourquoi ne pas répondre simplement que c'est parce que vous l'appréciez, parce que vous l'aimez.

Car les femmes le disent clairement, comme Nadia: «Dans le fond, maintenant qu'on en parle, je me demande souvent qu'est-ce que je choisirais: le sexe sans amour ou l'amour sans sexe. Mais à tout considérer quand je regarde ma propre vie sexuelle, je me rends à l'évidence, le sexe ne m'a jamais vraiment comblée. Et même si j'en avais du plaisir à chaque fois, ça ne réussirait quand même pas à me satisfaire complètement si je ne ressentais pas une sorte d'attachement pour mon partenaire. À bien y penser, je crois que je choisirais l'amour!»

Mais certaines opinions ne sont pas aussi extrémistes bien qu'elles expriment le même genre d'idée. Pour les femmes, le sexe sans amour, ça n'a pas de sens, comme le mentionne une confidente de Shere Hite:

«L'orgasme est important, mais l'intimité des corps et l'affection le sont tout autant. Mon mari, qui sait que j'ai des orgasmes multiples, pense que plus j'en ai, plus j'apprécie nos rapports sexuels. Ce n'est pas vrai. Mes orgasmes sont purement physiques et je peux les obtenir sans longs préliminaires. Ce n'est pas parce que j'ai un orgasme que j'ai le sentiment d'avoir fait l'amour. Peut-être ai-je simplement été «baisée».»

Ou cette autre qui répond de façon encore plus claire:

«Le contact étroit avec mon partenaire est pour moi plus important que l'orgasme (que je peux me procurer toute seule s'il le faut). Si j'avais à choisir entre les deux, je choisirais les caresses, le contact des corps. J'adore les baisers, les caresses, les étreintes; j'aime regarder mon partenaire et sentir son corps en contact avec le mien. J'ai l'impression de partager beaucoup plus quand nous ne nous stimulons pas génitalement, surtout quand nous apprenons à nous connaître, parce que l'excitation sexuelle et l'orgasme m'obligent à me concentrer sur moi, si bien que je me sens davantage seule (bien que le plaisir purement sexuel puisse être également partagé).»

C'est là une des clés fondamentales pour comprendre les femmes et surtout comprendre qu'elles n'aiment pas se sentir assaillies sexuellement, même par leur mari. Il ne vous sert à rien de vous mettre à la caresser comme ça, à froid, en vous disant que ça va la mettre dans l'atmosphère pour faire l'amour. En fait vous ne réussirez peut-être qu'à la mettre en rogne en lui montrant que vous ne pensez qu'à ses fesses. Vous pourriez avec beaucoup plus de succès arriver au même résultat si vous preniez des chemins détournés, mais combien plus satisfaisants pour l'ego d'une femme.

Il en existe des tas de ces petits riens, ne serait-ce que la prendre dans vos bras pendant que vous écoutez la télévision et la bercer ainsi aussi longtemps qu'il vous plaira. Puis, quand vous manifesterez le désir de faire l'amour, elle s'y prêtera certainement de bien meilleure grâce qui si vous vous étiez mis à la peloter dès votre entrée dans la maison.

Qu'est-ce qui la stimule?

D'ailleurs à ce sujet-là, les hommes font montre d'une ignorance vraiment impardonnable. Ils sont bien peu nombreux ceux qui savent quelles sont les choses qui mettent leur compagne dans l'atmosphère désirée pour faire l'amour. Le savez-vous vraiment? Alors inscrivez. vos observations et comparez-les donc aux résultats d'une enquête réaliée par le magazine *Cosmopolitan*.

Dans 78 pour cent des cas, c'est la musique qui constitue le meilleur stimulant sexuel pour une femme. L'alcool joue le même rôle dans 66 pour cent des cas alors qu'un langage légèrement grivois, plein de sous-entendus et de fines allusions, excite les femmes dans 49 pour cent des cas. La pornographie vient ensuite avec un pourcentage de 22 et finalement la nourriture constitue une introduction à la sexualité dans 17 pour cent des cas.

Mais ce sont là des traits généraux. Il existe bien d'autres items qui peuvent inciter votre compagne aux doux ébats. Une tenue sexée, par exemple. Ou de poser nue pour une séance de photos intimes. Parler de sexe dans un endroit public, entendre son mari parler de sexe au téléphone au cours de la journée, voir un compagnon se promener nu, lire des romans érotiques, voir des films érotiques mais non pornographiques, etc...

Comme vous le voyez, messieurs, il n'est pas fait mention de caresses brutales et à brûle-pourpoint. Votre compagne a certainement elle aussi certaines choses qui lui font irrémédiablement penser à faire l'amour. À vous de les découvrir. Mais pour y parvenir, commencez donc par en parler avec elle, subtilement, par allusions. Ne mettez pas vos gros sabots pour lui demander d'un air interrogateur ce qui lui donne envie de faire l'amour; elle va croire que vous la soupçonnez d'infidélité et que vous cherchez à en obtenir des preuves.

Mais comme vous le constatez, ces incitations à l'amour ne sont pas extraordinaires en soi. On peut s'étonner même de voir que ces petites choses qui semblent si simples sont si difficiles à réaliser. Certaines situations peuvent être difficiles à réaliser, mais dans la plupart des cas, ce n'est pas la fin du monde. Il ne faut pas se surpendre de voir que les playboys montrent tellement de facilité à séduire les femmes parce que, eux, ils savent fort bien que toutes ces petites choses, tous ces petits riens, constituent les introductions par excellence dans le monde de l'érotisme.

Comme dans le fastasme cité au début de ce chapitre, il suffit souvent de peu de choses pour permettre à une femme de se sentir désirée, aimée et alors... elle se laissera infailliblement aller dans les bras de son compagnon.

Oubliez-vous donc un peu!

Il est bien évident que vous devez laisser de côté toutes ces conceptions machos ou vos préjugés sexuels pour adopter une telle attitude. Ne prenez pas une figure d'enterrement parce que vous offrez des roses à votre épouse.

«Chaque fois que mon mari me faisait un cadeau ou me manifestait une attention quelconque, racontait d'ailleurs Louise, j'en avais pour des jours et des jours à l'entendre me le rappeler de toutes les façons possibles. Ça devenait si fatigant que je préférais finalement qu'il ne s'occupe plus de moi.»

Ou jouez l'effet de surprise:

«Un soir, j'étais en train de préparer le souper quand Bill, mon mari, entra tout souriant. Il avait une boîte à la main et quand je lui demandai ce que c'était, il me fit signe de le suivre dans la chambre à coucher à l'abri des regards des enfants qui voulaient savoir ce que c'était. Puis, là, il me tend la boîte. Je l'ouvre et j'y trouve un déshabillé très sexé tout en dentelle noire et tout à fait transparent. Tout d'un coup, en voyant les lueurs amusées dans les yeux de mon mari, j'en ai eu comme un coup au coeur et je n'ai plus eu d'autre désir que de coucher les enfants et... d'enfiler mon magnifique déshabillé!»

Évidemment, cette attitude nécessite de votre part une sorte de tendance à la complicité. Cette attitude, elle se cultive, elle se développe. Elle n'est d'ailleurs faite de rien d'autre que d'un minimum d'attention envers votre compagne. Car, vous vous en doutez, il ne vous suffit pas de lui apporter un cadeau de temps à autre pour qu'elle se précipite dans vos bras. Il faut quand même avoir de la suite dans les idées.

«J'ai eu un amant formidable, disait Sally. C'était un homme charmant, plein d'attentions pour moi. Il arrivait souvent à mon appartement avec une simple fleur des champs qu'il avait ramassée sur la route. Ça n'avait pas d'importance en soi, mais ça me faisait tellement plaisir de voir que j'occupais ses pensées. Puis, quand nous nous installions pour la soirée, il se collait contre moi, me prenait dans ses bras et restait là, sa joue contre la mienne avec une main qui me caressait doucement. J'en retirais un tel sentiment de paix, de douceur, d'amour, oui, d'amour, que quand nous faisions l'amour ensuite, ça me paraissait magnifiquement doux.»

Ce ne sont pas là des machinations machiavéliques pour tromper votre compagne et lui faire perdre la tête sans raison. Ce ne sont que de petites suggestions tout à fait ordinaires pour vous amener à prêter plus d'attention à votre partenaire. Car pour une femme, c'est à ce moment-là que commence le désir des relations amoureuses. Ne croyez surtout pas que ce désir naît simplement à partir du moment où vous vous retirez pour la nuit. Que non!

C'est pour cette raison d'ailleurs que je conseillais aux participants de notre groupe de lire attentivement quelques-uns de ces romans d'amour et de commenter ensuite en public les conclusions qu'ils pouvaient en tirer.

Un monde de rêve

«Je me trouve sur une plage absolument déserte, étendue sur le dos, profondément endormie. Je porte un mini-bikini. Les bords du slip ne tiennent que par une mince ficelle, de même que les bonnets du soutien-gorge. Mes énormes seins débordent largement de leurs minuscules cages de tissu. Je respire profondément et régulièrement, et change doucement de position durant mon sommeil. L'ombre d'un homme se profile sur moi. Il me regarde dormir. Il est très bronzé et ne porte qu'un slip de bain. M'observer l'excite. Il s'agenouille près de moi, très doucement pour ne pas me réveiller. Il délie un des cordons de mon slip, puis se penche sur moi pour dénouer l'autre côté. Il retire le bikini, m'exposant ainsi à son regard.

«Un moment, il reste assis à me dévorer des yeux. Je murmure dans mon sommeil et bouge doucement en écartant un peu les cuisses, ce qui fait saillir mon sexe. L'érection de l'homme prend d'énormes proportions. Il retire son maillot et s'agenouille au-dessus de moi, une jambe de chaque côté de mes hanches. Sans ouvrir les yeux, je pose la main sur son pénis, le caresse délicatement, et, à sa plus grande surprise, l'introduis dans mon vagin. Alors il me prend avec frénésie, et je m'agite avec lui. Mais je n'ouvre jamais les paupières. Je me contente de murmurer, comme si je dormais, en proie à un rêve très agréable.»

Peut-être parce qu'elle s'est toujours sentie infé-

78

rieure, la femme a un profond besoin de se valoriser. Un amant attentionné qui saura faire d'elle le centre de son univers ou à tout le moins qui lui fait voir la place importante qu'elle tient dans son univers n'aura pas de difficulté à se faire aimer et désirer d'une telle femme. Comme dans ce fantasme de Pamela, tiré de Nancy Friday, on voit que cette fantaisie du centre d'attraction joue à plein. Comme dans les romans d'amour où l'héroïne voit le monde entier tourner autour d'elle.

Et si le massage constitue une technique si excellente pour induire dans votre partenaire un profond désir, ce n'est pour aucune autre raison. En lui faisant sentir qu'elle est votre centre d'intérêt, elle n'en sera que plus valorisée non seulement à ses propre yeux, mais ce qui est peut-être plus important affectivement, à vos yeux également.

Ce sera certainement le prélude à une liaison satisfaisante pour tous les deux. Plus encore si vous êtes en mesure de lui manifester de telles attentions de temps à autre. Le plus souvent possible.

Car j'y reviens, il n'existe pas de «trucs» infaillible pour inciter une femme à faire l'amour. D'autant plus que, par expérience, une femme sait fort bien que l'homme pense surtout à son propre plaisir avant de penser au sien, si jamais il y pense. Alors, ne cherchez pas le gadget infaillible, la recette merveilleuse, l'élixir qui vous assurera tout pouvoir sur les femmes, ça n'existe que dans l'imagination des hommes.

Avant de penser à la déshabiller, commencez par susciter en elle le désir de faire l'amour. C'est certainement le moyen le plus simple et le plus facile pour vous engager tous les deux ensemble sur la voie du plaisir.

8

UNE «RÉCRÉATION»

«J'ai toujours eu énormément de difficulté à atteindre l'orgasme. Pourtant, quand je me masturbe, ce qui ne m'arrive pas vraiment souvent, ça ne rate jamais et j'ai même souvent des orgasmes en série. J'adore ça, mais parce que je me sens un peu coupable de jouir toute seule alors que je n'y parviens pas avec mon mari, je ne le fais pas aussi souvent que j'en aurais envie. Mon mari est très... choqué par ce manque que je ressens chaque fois que nous faisons l'amour. Il nous fait essayer toutes sortes de trucs, toutes sortes de techniques, mais ça ne fait qu'accentuer mon inconfort et me rendre encore plus coupable. Maintenant, je ressens comme une sorte de gêne quand je vois mon mari avoir envie de faire l'amour. Je l'aime bien, beaucoup même, mais de le voir s'acharner à vouloir me faire jouir, ça me frustre incroyablement. Si seulement il prenait les choses comme ça vient... Si seulement il me laissait me masturber quand nous faisons l'amour. Mais ça le choque énormément et il dit qu'il est assez homme pour faire jouir sa femme. Inutile de dire que nos relations sont souvent très tendues.»

Quand Brenda vint me voir pour la première fois et me raconta son histoire, j'ai tout de suite compris ce qui nuisait surtout à leurs relations, c'était d'abord la mentalité bornée du mari qui ne voulait absolument pas que Brenda puisse se masturber pendant qu'ils faisaient l'amour et surtout, surtout, son obsession à vouloir absolument la faire jouir. L'élément qui m'apparaissait important ici, c'était de déterminer les techniques employées par le mari pour la faire jouir. Quand je lui en posai la question, Brenda eut un haussement d'épaules révélateur. Je lui demandai donc de commenter ces méthodes et de me dire si, dans l'éventualité d'un choix de sa part, elle aurait aimé pratiquer ces mêmes techniques.

«Il y a certaines choses que j'aime bien. Mon mari aime me caresser le sexe de sa bouche et j'aime ça. Sauf qu'il est complètement bloqué sur la pénétration. Il faut toujours qu'il m'enfonce les doigts dans le vagin, quand ce n'est pas un vibrateur ou d'autres objets bizarres. Moi, de me faire pénétrer, ça ne me procure pas de jouissance. Je ne sais pas pourquoi, mais c'est comme ça. J'aime me faire caresser l'entrée du vagin, les lèvres, le clitoris et même l'anus. Parfois, il glisse un doigt sur mon anus et ça me donne beaucoup de plaisir. Je lui ai suggéré une fois d'essayer de me prendre dans l'anus mais il prit un tel air dégoûté que je n'en ai plus reparlé par la suite. Mais si j'avais le choix, il est bien évident que je laisserais tomber la pénétration et que je demandrais beaucoup de caresses sur mon sexe et mon anus. Je suis certaine que ça finirait par me procurer énormément de plaisir... avec le temps!»

C'est pas du 9 à 5!

C'est malheureusement une opinion trop répandue chez vous, messieurs, que le sexe se traite de la même façon qu'un problème de droit ou de finances. Alors que c'est peut-être une des très rares activités humaines où l'imagination et la spontanéité devraient avoir droit de cité, on transforme cette activité en un scénario planifié, codé, mis en cartes par les ordinateurs des sexologues. Je vous dirai tout de suite, comme à mon fils Bruce, que faire l'amour, c'est comme... je dirais, faire une peinture. Bien sûr, on connaît quelques notions de base, on sait comment manipuler les différents instruments, pinceaux, palette, spatules, mais l'élément-clé, la matière primordiale, c'est surtout l'imagination créatrice. Une peinture ne se réalise pas à partir de données mathématiques.

La sexualité se vit de la même façon, dans la même atmosphère. Je me souviens de cette soirée quand Bruce avait seize ans. J'ai toujours habitué mes enfants à vivre dans une atmosphère de franchise totale. C'est certainement le meilleur moyen de prévenir les catastrophes qui s'abattent habituellement sur les parents quand leurs adolescents sont forcés d'agir en hypocrites. Il profita de ce que nous étions seuls tous les deux et, mine de rien, se mit à me demander s'il y avait une manière «officielle» (je me rappelle ce mot qu'il employa) de faire l'amour.

Je lui demandai à mon tour ce qu'il préférait: que je lui trace une sorte de plan géométrique de la «technique officielle» de faire l'amour, c'est-à-dire on commence par les baisers sur la bouche, on passe aux seins, ensuite au ventre, au sexe et surtout le clitoris et enfin insertion et éjaculation, bref la façon habituelle masculine de voir le déroulement des relations amoureuses,

85

ou, je lui donnais quelques indications sur ce qu'il était surtout important de faire, par exemple prendre beaucoup de temps pour s'embrasser, se déshabiller, jouer sexuellement (comme les enfants qui s'amusent à se découvrir mutuellement), prendre surtout son temps, etc... Évidemment, il fut un peu surpris de ma réponse et il me dit: «Pourtant, les copains, quand ils parlent de leurs aventures amoureuses, disent tout le temps qu'ils ont des trucs infaillibles pour faire l'amour et ils en sont tous très fiers...». «Est-ce que ces filles-là sont heureuses de faire l'amour avec eux?» «À vrai dire, je ne sais pas, répliqua-t-il, mais une chose est certaine, ils ne restent jamais longtemps avec la même fille.»

Évidemment.

Si vous abordez la sexualité avec une mentalité de fonctionnaire, avec l'optique du 9 à 5, vous êtes certain de courir au désastre. Oh! bien sûr, vous en retirerez probablement du plaisir vous-même, après tout, les hommes prennent plaisir au viol et Dieu sait que la collaboration féminine y est absente, mais votre partenaire n'applaudira pas à votre démonstration de manque de savoir-faire.

La sexualité, c'est une «récréation»!

Ce qui devrait vous donner suffisamment d'indications de l'état d'esprit dans lequel vous devez aborder la question amoureuse avec une femme. Dans le chapitre précédent, je vous ai donné quelques indications sur les penchants marqués des femmes pour les situations «romantiques». De l'affection, de la tendresse, et même s'il s'agit d'une aventure passagère rien ne vous empêche de faire de votre compagne le centre de vos intérêts du moment. Vous obtiendrez beaucoup plus avec une goutte de miel, comme on dit populairement, qu'avec une tonne de vinaigre.

Faites-en un jeu!

«Quand sa bouche glisse sur mon ventre et mes seins, j'aime tellement ça que je voudrais que ça dure éternellement. J'aime la chaleur de son haleine sur mes seins, j'aime quand sa langue mêle les boucles de ma toison, j'aime ça quand il passe sa langue sur mes aines, sans toucher mon sexe, comme s'il le faisait exprès de m'exciter, tout en prenant soin de ne pas toucher mes lèvres ou mon clitoris. C'est... c'est comme du feu en moi, ça me donne beaucoup plus de plaisir que s'il plaquait sa bouche tout de suite à mon sexe. Je voudrais qu'il me le fasse longtemps, longtemps. Je sais que la tension deviendrait insupportable, mais il me semble qu'à ce moment-là, je ferais des choses si... des choses que je n'oserais jamais faire autrement. Mais, il ne se donne jamais le temps de m'exciter jusqu'au bout.»

Je me rappelle encore ma mère quand elle parlait de son «devoir conjugal». Pourtant, à bien y penser, je ne suis pas si âgée que ma mère n'ait pas connu un certain assouplissement de la morale sexuelle, mais elle considérait toujours le sexe comme quelque chose conçu exclusivement pour l'homme. Je me rappelle également que mon père était un bon vivant, porté sur la bonne table et les vins. Il aimait beaucoup prendre un p'tit coup en bonne compagnie et je m'imagine difficilement que cet homme qui manifestait de tels penchants pour le plaisir, les agréments de la vie, puisse se contenter de prendre ma mère, sa femme, sans se préoccuper de ses plaisirs à elle. Mais, quand j'ai vieilli et que je me suis mariée, j'ai appris en fréquentant mes tantes et oncles que papa trouvait ma mère trop puritaine et qu'il se permettait beaucoup d'aventures. Ce qui n'arrangeait en rien le caractère de maman.

Pauvre maman, je la comprends fort bien. Élevée par des parents baptistes qui vivaient pratiquement avec la Bible à la main, comment pouvait-elle jeter un coup d'oeil neuf sur la sexualité? Comme sur bien d'autres choses d'ailleurs. Je lui suis redevable de mon orientation professionnelle. J'imagine que si j'avais vécu dans un milieu très ouvert et très franc sur ces questions, je n'aurais pas senti le besoin d'aller y voir par moi-même.

Cette image du «devoir conjugal» me fait encore frémir et quand des femmes se joignent au groupe et entreprennent de raconter de quelle façon elles vivent leur sexualité, je suis renversée de constater que si le terme a disparu, la mentalité reste toujours la même. Comme cet exemple que je trouve particulièrement aberrant de Cindy.

«Aux premiers temps de mon mariage, tout était beau et rose. Frank faisait très attention pour que je sois heureuse et il me comblait de toutes sortes d'attentions tout à fait charmantes. Je ne lui en demandais pas tant, mais il semblait en tirer énormément de plaisir. Puis, peu peu, la routine s'installa et Frank devint de plus en plus impliqué dans la religion. Il devint adepte d'une secte honorable, mais les conclusions qu'il tirait de la Bible me faisaient frémir. J'ai horreur de la fellation. Je ne sais pas pourquoi, mais j'avais toujours peur qu'il éjacule dans ma bouche et ça, je savais que ça me ferait vomir. Lui, il exigeait que je le fasse. Je refusais avec énergie et, pour me punir, il ne me faisait plus l'amour. Il me citait des passages de la Bible disant qu'une femme doit obéir en tout à son mari, qu'elle lui doit respect et obéissance, et toutes sortes de choses du genre. Ce n'était plus le Frank que je connaissais et que j'avais accepté de marier, mais je n'y pouvais plus rien. Un matin, après une autre prise de bec au sujet de la fellation, il me servit mon petit déjeuner au lit. J'en étais tout étonnée puisqu'il ne s'en donnait plus la peine depuis un bon moment. Mais le soir, au retour, il eut cette drôle de question: «Et puis, tu n'es pas morte?» «Qu'est-ce que tu veux dire?» lui répondis-je très intriguée et vaguement inquiète. «Tu dis toujours que le sperme te donne mal au coeur et tout et tout, c'est pour ça que tu ne veux pas me prendre dans ta bouche. Eh bien! ce matin, j'ai éjaculé dans ton café... et je vois que ça ne t'a pas fait mourir!» J'ai failli m'évanouir. J'en ai eu des nausées pour la semaine et ne me demandez surtout pas de boire du café que je n'ai pas préparé moi-même... J'ai quitté Frank quelques jours plus tard, c'était vraiment la goutte qui faisait déborder le vase!»

Regardez les enfants!

Au début de son livre *Total Orgasm,* Jack Lee Rosenberg donnait l'exemple des enfants qui jouaient. Il faisait remarquer à quel point non seulement ils étaient complètement absorbés par le jeu qu'ils faisaient mais ils le rendaient très réel et y accordaient toute l'importance voulue sur le moment.

C'est cette attitude qu'il vous faut retrouver face à la sexualité. Ce n'est pas une faveur que vous faites aux femmes, messieurs. C'est au contraire une exigence de la nature de la sexualité féminine. Évidemment, libre à vous de choisir l'ancienne optique du «sois belle et tais-toi!», mais avec le temps, votre vie sexuelle va certainement aller en s'appauvrissant. Il est dépassé ce temps où les femmes subissaient sans oser élever la voix. Vous devez certainement vous en rendre compte sinon vous ne vous donneriez probablement pas la peine de lire ce livre.

C'est de la même façon que vous devez aborder la question sexuelle avec les femmes. Le jeu de la séduction a toujours sa place, même quand vous êtes mariés depuis des années. Il ne s'agit pas simplement d'une «astuce» pour décrocher le gros lot, faire pencher le coeur de votre belle en votre faveur. C'est une attitude vitale pour la femme, c'est la nourriture de sa sensibilité. Et ce n'est pas en lui disant un petit mot doux une fois par semaine que vous la rendrez heureuse... Vous ne ferez ainsi que lui faire regretter votre attitude égoïste qui consiste à lui jeter de temps à autre un «os» à ronger pour tromper sa faim. La faim affective peut mener une femme à des agissements qui vous déplairont beaucoup: l'adultère, par exemple.

Découvrez cette dimension du jeu dans vos relations. Pas seulement dans le lit. Je prends encore la peine de le souligner parce que je ne veux pas traiter ici uniquement de la relation sexuelle comme telle. Pour une femme, faire l'amour, c'est vraiment faire l'amour. Avec tout ce qu'implique le mot «amour»!

«Les vieux beaux, racontait Murielle, sont souvent des gens très agréables à fréquenter. Je me souviens d'un oncle célibataire, très couailleur et très buveur, qui fréquentait souvent la maison de mes parents. J'avais tout juste seize ans à l'époque, mais il me manifestait toutes sortes d'attentions particulières, et à ma mère également. Il avait toujours un compliment à la bouche, il arrivait toujours avec un petit quelque chose, bien souvent c'était un petit rien, mais l'intention était tellement gentille. Je crois que je ne l'oublierai jamais de ma vie. Il avait fait beaucoup de conquêtes. Les hommes ricanaient en disant qu'il était vieux jeu mais maman disait que les femmes aimeraient bien que ça revienne, ces manières «vieux jeu». J'avoue, avec l'expérience que j'ai maintenant, que si je rencontrais un homme aussi attentionné que mon oncle Henry, je n'hésiterais certainement pas à me laisser séduire, beau ou pas!»

L'art de la flatterie

Machiavel dans *Le Prince* conseillait fortement à son jeune pupille d'employer la flatterie pour parvenir à ses fins. Peu importait, prétendait-il, que le compliment soit vrai ou non, il importait seulement qu'il fût dit avec conviction et sincérité et le miracle s'opérait. C'est vrai aussi dans les relations hommes-femmes. Mais n'allez pas croire que les femmes sont dupes et qu'elles soient si gourdes qu'il suffit de leur faire des compliments pour qu'elles perdent la tête. Bien sûr que non, même si elles ne détestent pas vous le laisser croire. Le simple fait de dire des mots doux, des petits mots gentils, sans aller jusqu'aux déclarations enflammées, cela flatte agréablement l'ego de votre compagne. Bien sûr, elle n'y ajoute peut-être pas foi, elle se contentera peut-être d'en rire, mais aucune femme n'est insensible à cette flatterie. Je vous pose d'ailleurs la même question, messieurs, lequel d'entre vous peut se dire totalement à l'abri des louanges et des compliments? Vous devriez vous voir vous rengorger comme des pigeons orgueilleux et faire la roue. Vous n'avez pas vous-mêmes la modestie très flagrante. D'autant plus que les femmes ont été tellement habituées à prendre un rôle effacé que de se retrouver sous les feux de la rampe, si vous me permettez cette expression, ça leur fait «un petit velours»!

De dire à une femme que vous aimez l'odeur de sa peau, la texture de sa peau, que son parfum est grisant et qu'il vous donne des envies... irrésistibles, ça ne provoquera probablement que des rires amusés et une moue sarcastique, mais... ça fait quand même plaisir. Observez les don juans en herbe et voyez de quelle façon ils ne cessent de noyer la femme de leur choix sous des flots de paroles flatteuses. À vrai dire, c'est si flagrant qu'on en a des nausées et pourtant... pourtant, ils réussissent très souvent à parvenir à leurs buts. Parce qu'ils sont beaux? parce qu'ils sont intelligents? cultivés? riches? J'en connais beaucoup qui ne sont ni l'un ni l'autre, mais ils ont une qualité qui fait grandement défaut à la gent masculine: ils sont psychologues.

Le temps de la récréation

Après toute cette mise en scène, cette mise en train, dirais-je, voilà le temps de la récréation. L'amour, le plaisir, la volupté.

«J'ai eu un amant, racontait, une magnifique jeune femme, Barbara, dont les charmes évidents faisaient tourner toutes les têtes, qui était bien banal physiquement, mais ce type-là avait une façon tellement décontractée de me caresser, de me toucher, une façon... enveloppante si je puis dire, que ça me faisait frissonner de la tête aux pieds. Je ne l'aimais pas vraiment, comme on aime d'amour, mais je ne me sentais pas capable de lui résister. Je passais les vacances dans les Keys de la Floride et il y séjournait lui-même quelques semaines. Ce que j'aimais de lui, c'est qu'il pouvait tout aussi bien m'inviter à faire l'amour à n'importe quelle heure du jour ou de la nuit. Une fois, nous étions allés faire de la plongée sous-marine et, sous l'eau, le voilà que me prend dans ses bras, se met à me caresser. J'ai attrapé mon air! Il était fou! Complètement fou! En public, parfois, je sentais ses doigts qui glissaient sous ma blouse et qui cherchaient mes seins. Puis, il avait une attitude tellement décontractée... Je me souviens, une fois nous étions dans un petit boisé et il avait commencé à me frotter avec des pétales de fleurs, partout sur le corps, il me mettait des fleurs dans la toison, me fit une couronne de fleurs et me caressa tout le temps avec toutes sortes de pétales embaumés. Ça me rendait folle de plaisir!»

Les petites folies, les petits riens, autant d'attentions qui ne manquent pas de faire comprendre que, pour un certain temps du moins, vous êtes prêt à faire d'elle votre principal centre d'intérêt.

Ne vous affolez pas. Malgré toute la propagande, les femmes savent fort bien que si votre relation se prolonge, elles ne resteront pas votre principal centre d'intérêt bien longtemps, mais créez l'illusion, créez l'atmosphère qui permet de croire que malgré toutes les tâches domestiques, sociales, professionnelles, elle reste toujours, encore et malgré tout, l'élément le plus important de votre vie. Et il n'est pas besoin de faire des folies dispendieuses pour y parvenir. C'est l'intention qui compte, même si l'enfer est pavé de bonnes intentions!

Comme à l'heure de la récréation, oubliez donc tous vos soucis, concentrez-vous donc sur votre compagne, non pas de façon désintéressée et altruiste, mais dans le but bien avoué et bien entendu de parvenir, tous les deux, à la volupté et l'extase! Toutes les expériences passées et présentes le montrent d'ailleurs clairement, vous n'y parviendrez jamais seul!

9

FAITES DU «PARKING»

De merveilleux souvenirs

J'en ai glissé un mot dans le chapitre sur le sexe idéal, la grande majorité des femmes se souviennent avec beaucoup d'émotions et de satisfaction de leurs expériences de «petting» quand elles étaient adolescentes. Et toutes pourraient raconter pendant un bon bout de temps ces séances qui leur procuraient beaucoup de plaisir, plus même que depuis qu'elles connaissent la pénétration et l'orgasme (mais peut-on dire que les femmes connaissent vraiment l'orgasme?).

Judy en parlait d'ailleurs en termes très élogieux:

«Je peux dire que j'en retirais énormément de satisfaction. On aurait dit que tout mon corps vibrait intensément pendant des heures et des heures que duraient nos séances de necking. Depuis, j'ai perdu cette sensibilité qui me grisait tellement. On dirait que je suis comme... engourdie, sexuellement.»

Bonny aussi rêve de cette époque qui lui apparaît maintenant comme une sorte d'Eldorado érotique:

«Avec mon premier *boy friend,* nous allions nous cacher dans un petit boisé près de la rivière et là, nous nous étendions par terre sur l'herbe et nous nous embrassions à en perdre le souffle. Je lui permettais de me caresser partout et je faisais la même chose, mais pas question de me pénétrer. J'étais vierge et je ne sais trop pourquoi (j'en aurais de bonnes raisons à donner aujourd'hui), je tenais à le demeurer. J'aimais sentir ses mains qui me caressaient longtemps, très longtemps. Sa bouche aussi qui se collait à la mienne, ses lèvres qui m'embrassaient partout sur le corps et qui me prenaient les seins, me donnaient de merveilleux instants de bonheur. Puis, quand il était vraiment excité, je le masturbais. Il en était tout heureux. Chaque fois que nous en avions l'occasion, nous allions ainsi nous étendre dans notre petit nid d'amour et c'étaient de longues heures de plaisir. Tout mon corps devenait tellement excité à la longue que je me sentais comme une corde de guitare, tendue jusqu'à rompre. Le moindre toucher sur mes seins provoquait des vibrations intenses dans toute ma personne. J'en avais les orteils qui retroussaient comme on dit d'habitude. Puis, quand nous étions vraiment très excités, je le laissais ouvrir mon pantalon, baisser ma culotte et je jouissais intensément quand ses doigts trouvaient ma chatte toute mouillée. Il n'avait pas besoin de me caresser bien longtemps avant que j'aie plusieurs orgasmes. Puis, nous reprenions notre souffle et recommencions. Parfois même, il laissait son doigt en moi très longtemps et je me tortillais doucement sur ce doigt qui me possédait; ensuite j'avais l'impression très nette de toujours avoir ce doigt en moi. Je n'avais qu'à fermer les yeux et c'était comme s'il était encore là, son doigt dans ma chatte, à me donner du plaisir. Oui, j'étais vraiment satisfaite sexuellement. Maintenant, heureusement que j'ai encore mes dix doigts, sans ça, je crois que je trouverais le temps très long...!»

Beaucoup de confidentes du Rapport Hite abondent d'ailleurs dans le même sens:

«Ce que ma génération appelait le "petting" était très excitant! Nous étions des «demi-vierges», ce qui signifiait que nous nous permettions tout tant que l'hymen restait intact. Bien que l'amour génital soit très agréable, il ne me fait jamais atteindre les sommets que j'ai connus du temps où j'étais vierge.»

Bien souvent, j'envie ma fille de quinze ans quand je la vois revenir à la maison, toute rouge, toute décoiffée, les yeux radieux. Je me dis qu'il y a tellement de femmes plus vieilles qui n'hésiteraient pas une seconde à changer de place avec elle! Elle ne connaît vraiment pas son bonheur!

Faites donc comme si...

Mais pourquoi, messieurs, pourquoi donc ne feriez-vous pas comme si... Bien sûr, je ne vous conseille pas de pratiquer ce genre de séance de petting pendant des heures sur la banquette vraiment inconfortable d'une automobile, mais ce voyage d'exploration du corps de votre partenaire, il peut très bien se reproduire très souvent. Et vous n'auriez d'ailleurs qu'à vous féliciter des résultats.

Shirley avouait d'ailleurs que depuis qu'elle avait convaincu son mari de lui caresser le clitoris de sa bouche pendant très longtemps, elle se laisse aller à des pratiques qu'autrement elle n'avait pas envie de faire.

«D'ailleurs, ajoutait-elle à l'intention des autres membres du groupe, je ne voyais vraiment pas pourquoi je me fendrais en quatre à lui donner le plus de plaisir possible quand il n'était même pas capable de me satisfaire.»

Cette mentalité conduit rapidement à des problèmes beaucoup plus graves, est-il nécessaire de le mentionner?

Mais Diana préférait ne pas en parler: «Chaque fois que j'ai souhaité quelque chose, une caresse particulière, on aurait dit que je demandais la fin du monde. Quand je disais à mes amants de me caresser les seins plus longtemps, c'est tout juste s'ils ne me demandaient pas de leur donner une limite de temps. On dirait qu'ils ont les yeux rivés sur leur montre quand ils vous caressent: une minute par mamelon, puis trois minutes et demie pour le clitoris, pénétration pendant cinq minutes, et voilà... Dieu qu'ils sont bêtes. Dans ces conditions-là, j'aime autant ne rien leur demander!»

Pourquoi ne pas essayer de retrouver cette atmosphère de découverte sexuelle qui vous enflammait quand vous étiez adolescents? Fermez les yeux, revoyez-vous avec une jolie jeune fille à vos côtés, vous êtes sur la plage, complètement seuls et son coeur ne bat que pour vous. Allez-vous tout gâcher en vous contentant de la caresser rapidement et la laisser insatisfaite? Non, vous savez fort bien que ça ne lui plairait guère et que ce serait votre dernière sortie en sa compagnie. Alors pourquoi adopter une attitude si égoïste une fois que vous êtes mariés? Probablement parce que vous êtes sérieusement atteints du vice de la possession!

Fermez encore les yeux et laissez-vous emporter

par ces doux souvenirs, par ces moments merveilleux quand, dans l'extase de la découverte, vous pouviez passer des heures et des heures à caresser le corps de votre compagne.

Rappelez-vous comme vos baisers devenaient de plus en plus prolongés, de plus en plus profonds, quand vos langues se caressaient interminablement. Rappelez-vous quand vos corps se collaient, s'étreignaient, se cherchaient. Vous rappelez-vous que la respiration de votre compagne devenait de plus en plus rapide, que ses yeux brillaient d'une étrange fièvre et qu'alors, quand vos lèvres s'unissaient et que ses mains vous étreignaient de plus en plus fortement, alors vous vous écartiez doucement et puis, avec une douceur que vous avez perdue depuis mais que vous pourriez si facilement retrouver, vous lui caressiez les seins. D'abord par-dessus ses vêtements, comme si vous attendiez son approbation muette pour pousser plus avant vos découvertes. Puis, alors qu'elle arquait le corps, s'offrant à vos mains, sa bouche se faisait plus ardente et plus chaude, quand elle murmurait un «oui» impatient à votre oreille, vous glissiez la main au bas de la blouse, les boutons se défaisaient un à un et la douceur de sa peau nue vous faisait battre le coeur à tout rompre.

Vous n'aviez pas de peine à vous rendre compte que son coeur battait aussi à toute vitesse et que ses doigts glissaient sous votre chemise ou votre chandail pour caresser votre peau nue. Cela vous fouettait et, les lèvres toujours unies, elle se soulevait pour vous laisser dégrafer le soutien-gorge dont les bonnets vous révélaient alors la splendeur de sa poitrine de vierge. Vous aviez alors la bouche sèche, le coeur battant, vous vous régaliez de cette chair désirable et vos doigts tremblant allaient les toucher avec une délicatesse empressée. Les mamelons qui se gonflaient sous vos tendres attouchements s'offraient à vos lèvres et vous cédiez, emporté par le désir et la passion. Quelle merveille alors quand ses doigts caressaient votre chevelure et votre nuque, vous collait la bouche à ses pointes durcies que vous baisiez et que vous mordilliez amoureusement pendant que ses plaintes vous encourageaient.

Longtemps, très longtemps vos caresses se poursuivaient comme si vous étiez incapables de vous satisfaire de son corps. Et puis votre bouche glissait sur son ventre chaud et palpitant, vos doigts défaisaient son pantalon, ou s'attardaient à ses cuisses sous la jupe qui la couvrait à peine.

Et puis... et puis... c'était le bonheur, un bonheur insoutenable qui ne vous quittait que pour vous reprendre dès que vous aviez l'occasion de renouer avec ces caresses merveilleuses.

Faut-il vous surprendre que tant de femmes gardent le souvenir nostalgique de cette époque bénie quand l'interdiction de la pénétration vous laissait le champ libre pour toutes les caresses dont vous aviez envie? Beaucoup de femmes souhaiteraient que même aujourd'hui la pénétration soit encore tabou de sorte que toute la gamme immense des autres caresses puisse leur être accessible.

La routine

La différence évidente avec cette époque, c'est qu'alors il n'était pas question de coït. Les hommes devaient donc chercher d'autres moyens de se satisfaire et ils savaient qu'ils pouvaient tout se permettre sauf... «ça»! Aujourd'hui, malheureusement, ils ont perdu cette spontanéité et cette volonté de découverte sexuelle dont ils faisaient preuve à l'adolescence.

Beaucoup de femmes en font d'ailleurs mention spontanément:

«Aujourd'hui, la sexualité est devenue une affaire de routine et avec mes partenaires, j'ai vraiment de la difficulté à «embarquer». Je ne perds plus la tête comme ça m'arrivait si souvent quand j'étais adolescente et que nous nous embrassions et nous nous caressions si naturellement, il me semble.

Ce que les femmes regrettent essentiellement de cette période de leur vie, c'est cette fraîcheur dans les amours, cette spontanéité et, surtout, cette liberté totale qui leur permettait de se livrer à toutes les expériences sexuelles dont elles avaient envie et qui leur manquent désespérément maintenant. Car, ne vous le cachez pas, messieurs, dans la plupart des cas, le sexe est devenu une affaire de routine. Bien sûr, je ne parle pas ici de la première fois, ni du premier mois, ni peut-être même de la première année. Mais peu à peu, vous vous enlisez dans la facilité et alors que dans les premiers temps de votre mariage vous vous permettiez toutes sortes d'impromptus érotiques, maintenant, vous vous en tenez essentiellement à l'«a-b-c» du manuel érotique masculin: debout, dedans, dehors!

«Je me souviens encore, racontait Éléonore, aux premiers temps de notre vie commune, Jack avait l'habitude d'arriver à la maison à n'importe quelle heure et, souvent, il avait à peine mis le pied dans l'appartement qu'il m'embrassait et il se mettait à me déshabiller sur place. Combien de fois nous avons fait l'amour dans la cuisine alors qu'il se mettait à me caresser pendant que je préparais le repas. Ça faisait des tas de repas brûlés, mais nous étions si heureux alors. Bien sûr, c'est difficile maintenant avec les enfants, mais même quand ils sont couchés, il n'est plus jamais question de prendre notre douche ensemble ou même de regarder la télé nus. C'est devenu tellement... À quoi ça sert de rêver de toute façon?»

Messieurs, rappelez-vous donc cette époque qui fait rêver votre femme et donnez-vous la peine d'essayer d'y revenir. Il n'est pas besoin de vous livrer à d'intenses efforts d'imagination pour que vous retrouviez cette curiosité qui faisait les délices de votre compange, il vous suffit simplement de la regarder avec des yeux neufs. Pourquoi ne pas vous dire en feuilletant les pages centrales de *Playboy* que votre compagne peut vous donner de bien plus intenses plaisirs que ces photos sur papier glacé. Essayez de voir votre compagne comme un partenaire sexuel, une personne qui vous aime et qui ne vous refusera rien en autant que vous manifestiez envers elle une attitude d'intérêt et de désir.

«Le désir est mort et enterré!» disent souvent les femmes mariées depuis plusieurs années. En fait, le désir ne meurt jamais, il s'endort tranquillement, assoupi par la routine et les menus tracas du ménage.

Une solution choc, peut-être...?

«Nous étions mariés depuis cinq ans et c'est comme si nous vivions dans des villes différentes, raconte Sabine. Mon mari était toujours trop occupé pour prendre le temps de s'intéresser à moi et, finalement, plus les choses allaient et plus je songeais au divorce. Finalement, un soir, j'ai décidé d'essayer de changer les choses au lieu de penser au divorce. Le lendemain, je lui ai téléphoné à son bureau et je lui ai demandé s'il se rappelait la dernière fois que nous avions fait l'amour, s'il avait encore envie de moi, et s'il n'avait pas envie de recommencer comme avant. Bien sûr, j'eus droit à ses excuses, son travail, etc... Les excuses habituelles, mais j'insistai et lui dis que s'il ne changeait pas d'attitude envers moi, j'allais prendre les décisions qui s'imposaient. Cela jeta un froid ce soir-là, mais le lendemain soir il m'apportait des fleurs, et le surlendemain il venait souper au restaurant avec moi et il entreprit de me raconter par le menu ses problèmes professionnels. Je lui ai dit que ça ne m'intéressait pas vraiment, que ce que je voulais surtout, c'est que notre vie à nous deux soit plus intense, comme elle l'était aux premiers temps de notre mariage. Cela ne s'est pas fait du jour au lendemain, j'y ai mis du mien et lui de même, mais nous avons finalement retrouvé une certaine atmosphère de tendresse qui nous faisait beaucoup défaut depuis quelque temps.»

Avez-vous envie de vous retrouver au pied du mur avec des ultimatums semblables? Mais vous n'avez pas besoin d'attendre d'en être rendus là. Par exemple, pourquoi ne pas mentionner, l'air de rien: «Chérie, tu sais ce déshabillé sexé que tu mettais quand nous étions jeunes mariés, qu'est-ce que tu en as fait, tu ne le mets plus du tout...» Cette seule petite phrase indique l'intérêt que vous lui portez. Il est plus que probable que ce déshabillé, elle le mettra le soir même si elle le déniche, sinon, elle en achètera un autre. De simples attentions comme un souper tardif en tête à tête quand les enfants sont couchés, voilà qui incite à retrouver cette atmosphère amoureuse qui risque de disparaître de votre vie si vous laissez les menus problèmes du quotidien prendre le dessus!

Vous n'avez pas besoin de lire des tonnes de livres ou de consulter toutes sortes d'experts pour remédier à la situation d'une vie sexuelle ennuyeuse et monotone. Commencez par lui rappeler ces moments merveilleux

quand vous étiez plus jeunes et que vous vous permettiez toutes sortes de fantaisies que vous avez oubliées
depuis bien longtemps. Suggérez tout simplement de
prendre une douche ou un bain tous les deux ensemble... comme il y a longtemps. Et savonnez-lui le «dos».
Ce contact fera probablement renaître des sentiments
qui vont en diminuant.

Des mains partout, partout...

Quand je vous conseillais de vous remettre en
esprit à cette époque où vous alliez faire du «parking»
avec votre amie, je voulais simplement souligner le fait
qu'alors, votre compagne était beaucoup plus heureuse
de vos attentions qu'elle ne le serait maintenant. On
dirait que le mariage vous a rendus tous manchots. Ces
petites agaceries sensuelles que vous aimiez faire sur la
poitrine de votre jeune compagne, elles ne sont pas
devenues illégales avec les années. Et elles seraient tout
autant appréciées maintenant.

Savez-vous que 95 pour cent des femmes adorent
se faire déshabiller par leur partenaire? Si vous ne le
saviez pas, il est grand temps que vous en preniez
conscience. Alors, agissez donc en conséquence. Oui,
replongez-vous dans cette atmosphère sensuelle de
cette époque quand votre coeur battait à toute allure à
l'idée d'insérer vos doigts curieux sous la blouse de
votre compagne. Bien sûr, il y avait le phénomène de la
découverte. Aujourd'hui, l'habitude vous semble avoir
tout changé. Mais il n'en tient qu'à vous pour que le feu
renaisse sous ses cendres.

Laissez vos mains courir sur son corps, défaites un
à un les boutons de sa blouse, ne vous arrêtez pas à ses
cris de surprise et à ses murmures désapprobateurs.
Que vos mains se fassent douces et caressantes, ne
plongez pas immédiatement à son sexe, laissez-vous le

temps de redécouvrir son corps. Découvrez tout son corps, que vos mains courent partout sur son corps que vous dénudez lentement. Vous constaterez que cette curiosité n'est pas l'apanage de l'adolescence mais qu'elle va renaître rapidement et qu'elle vous fera connaître encore de très agréables moments.

Ces attentions charmantes sur sa personne ne feront que rendre votre femme plus consentante à vous accorder certaines faveurs que votre rapidité habituelle ne lui donne surtout pas envie de faire. Prenez votre temps pour redécouvrir toute la saveur de son corps amoureux, laissez-lui le temps de sentir le désir de la prendre et lui faire perdre la tête. Fermez les yeux, essayez d'imaginer une scène qui vous excite beaucoup, qui vous incite à des gestes plus audacieux. Ne vous dites pas que ce n'est plus de votre âge, rien ne saurait être plus faux et plus idiot. C'est le moyen le plus sûr pour que votre relation s'en aille au diable.

Ne vous déshabillez pas immédiatement même si vous avez tout loisir de le faire. Que vos mains vous servent d'yeux. Qu'elles explorent encore et encore tous les recoins et tous les plis secrets de son corps. Prenez le temps de savourer ses seins, ses mamelons, que vos mains n'hésitent pas à explorer toutes les parties de sa chair. Laissez le désir monter, comme une douce ivresse. Oui, faites du «necking». Embrassez-la, long-temps, voluptueusement. Que votre langue glisse sur tout son corps. Mais n'allez pas immédiatement à son clitoris ou à ses seins. Goûtez d'abord ses aisselles, sa nuque, ses épaules, son ventre, ses cuisses, ses fesses, ses flancs, son dos, les morsures sensuelles que vous preniez plaisir à prodiguer à vos jeunes partenaires, retrouvez-en toute la saveur et voyez comme elles éveillent les lancinants désirs que vous croyiez disparus à jamais.

Le désir ne meurt pas, on le tue petit à petit par indifférence.

10

SOYEZ «MUSICAL»

«De la belle musique...»

Je revois encore le célèbre Groucho Marx disant à une jolie fille: «Mademoiselle, nous pourrions faire de la merveilleuse musique ensemble...» Évidemment, pas besoin d'être très futé pour comprendre de quelle «musique» il s'agissait. En fait, Groucho était probablement plus près de la véritable sexualité telle qu'entendue par les femmes que n'importe quel Don Juan discourant sur le sujet. Car il s'agit vraiment de faire de la musique.

Cette musique cependant, elle exige certaines connaissances préalables. Ne vous jetez pas à corps perdu dans le sexe si vous n'en connaissez rien. L'ignorance peut être une excuse la première fois, la deuxième également, mais à la longue on ne peut plus prétendre qu'«on ne savait pas». Après tout, il existe une littérature absolument renversante sur le sujet, alors l'ignorance manifeste de beaucoup d'hommes à l'endroit de la physiologie féminine est absolument inexcusable.

«Ce que j'aimais de John, nous avouait Charlene, c'est qu'il semblait prendre tellement de plaisir à me découvrir, si je peux dire. Il prenait tout son temps pour me déshabiller, il caressait chaque petite parcelle de chair nue, il la caressait, il murmurait toutes sortes de choses cochonnes qui parfois même me choquaient. Mais il les disait avec tellement de drôlerie que ça finissait par m'exciter de plus en plus. Et puis quand il dégrafait mon soutien-gorge, je me souviens qu'il avait la manie de me placer debout devant le grand miroir du salon et il me donnait des baisers sur les épaules en couvrant mes seins de ses larges mains et il les pressait en grognassant comme un ours mal léché. Ce qu'il était drôle. Mais que j'aimais ça quand il me faisait l'amour. Malheureusement, il est parti voilà déjà cinq ans et je n'ai jamais retrouvé un seul homme qui manifestait autant de plaisir à me voir apparaître, nue, devant lui. Il me donnait le goût de faire l'amour, de me donner. Maintenant, j'ai plutôt envie de rester seule à lire un bon bouquin. Peut-être... un jour... en tout cas je le souhaite avant que ma vie sexuelle ne tombe à zéro!»

Cette confidence de Charlene, une jeune Noire très jolie, nous était faite sur le ton de la plaisanterie, mais on voyait luire ses prunelles de tous ses feux quand elle nous décrivait avec beaucoup d'emphase les caresses que son ex-amant lui prodiguait. Ce qui ne me surprenait guère, c'est quand elle disait que, de cette façon, il lui donnait le goût de faire l'amour. Non, ça ne me surprenait pas du tout puisqu'il montrait très visiblement qu'il avait envie d'elle, qu'il désirait son corps. Il ne se contentait pas de sourire niaisement et béatement, couché dans le lit, tandis qu'elle se déshabillait.

Je vous l'ai dit, presque toutes les femmes aiment se faire déshabiller par leur partenaire. Pourquoi donc ne pas la déshabiller?

«Mon mari aime bien me voir faire un petit strip-tease, mais il ne se rend pas compte à quel point je me sens mal à l'aise et maladroite. J'ai parfois l'impression d'être une fille dans un club de nuit. Pas que je n'aimerais pas le faire, mais pas comme ça, ...à froid!»

Voilà! Avant de songer à faire quelque musique que ce soit, il faudrait quand même ne pas oublier de vous «réchauffer», comme les instrumentistes d'un orchestre le font avant le récital. Faire certaines choses «à froid», comme le disait Anna, ça met souvent mal à l'aise plus qu'autre chose. Alors, laissez tomber les fioritures pour le moment et concentrez-vous sur le seul aspect nécessité par la situation: inciter votre partenaire à faire l'amour, à se laisser aller. La séance de strip-tease se produira plus tard, mais quand elle surviendra votre partenaire s'y sentira probablement beaucoup plus à l'aise maintenant qu'elle sait que vous désirez son corps, que vous aimez son corps et que vous n'avez pas seulement envie de vous «taper une fille», mais que votre intention est vraiment de faire l'amour, avec tout ce que ce terme implique.

Plus d'un quart d'heure, s.v.p.!

Une enquête faite par le magazine *Cosmopolitain* auprès de plus de cent mille de ses lectrices démontra de façon fort éloquente que la très grande majorité des femmes raffolent des préliminaires. Ce que les hommes trouvent sérieusement emm... comme je le disais précédemment. Et elles indiquent même que, de préférence, ces petits jeux sexuels durent plus d'un quart d'heure. Prenez-en donc bonne note, messieurs.

Si tant de femmes prennent le soin de le mentionner, c'est qu'il y a certainement un problème quelque part. Les partenaires impliqués ne doivent pas faire montre d'un zèle excessif à ce niveau. L'idéal serait qu'ils y consacrent tout le temps nécessaire jusqu'à ce que votre compagne vous fasse comprendre qu'elle a envie de passer à autre chose. Mais ne vous faites pas d'illusions, messieurs, cela se produit rarement. Les commentaires féminins à ce sujet sont fort éloquents.

«Les préliminaires? commentait Linda. C'est quelque chose que les hommes ne font jamais assez longtemps!»

«Je me contenterais n'importe quand des préliminaires si seulement ils duraient assez longtemps!» disait Joan.

«Il n'y a vraiment que l'orgasme (quand ça se produit) qui soit meilleur que les préliminaires!» disait une autre participante de notre petit groupe.

Une autre répliquait d'ailleurs à cette dernière remarque: «Je trouve que c'est meilleur que l'orgasme... parce qu'ils durent plus longtemps!»

Les hommes croient faussement que plus longtemps ils peuvent garder leur pénis en érection dans le sexe d'une femme, plus ils la font jouir. Ce genre de marathon déplaît souverainement, alors que le temps rêvé pour pratiquer ce genre de compétition, ce serait au niveau des préliminaires. Mais ils passent là-dessus rapidement sans jamais leur attacher l'importance qu'ils nécessitent. N'importe quel homme qui voudrait donner autant de temps aux préliminaires qu'il est prêt à en donner à la pénétration comme telle serait hautement apprécié de sa partenaire et de toutes celles qu'il lui plairait d'avoir. Car, ne vous le cachez pas, les femmes perdent la tête quand leur partenaire prend le temps de leur faire connaître ces plaisirs qui vont en s'intensifiant. Malheureusement, la réalité est tristement autre...

«Je pourrais passer des heures - vraiment des heures entières - aux préliminaires et je crois que j'en voudrais encore!» avouait Shirley. Or, le problème, c'est que les hommes ont oublié cette naïveté adolescente qui les poussait à passer des heures à embrasser leur partenaire. Ils ont tout concentré leur plaisir sur le coït et s'étonnent ensuite que leur partenaire n'en ressente que peu de plaisir. Ce n'est que normal étant donné la physiologie féminine. Les statistiques parlent d'elles-mêmes. Inutile de revenir sur le sujet, mais ce n'est pas par le coït que la femme obtient vraiment du plaisir. C'est grâce à ces fameux préliminaires auxquels vous, les hommes, vous attachez si peu d'importance.

Regardez, sentez, touchez!

La femme est très sensible aux odeurs, aux sons, aux effleurements, aux baisers, aux caresses légères et surtout, surtout... prolongées! Elle aime se faire déshabiller des yeux (quand c'est le temps de le faire!), elle aime se faire «sentir» par un amant qui apprécie visiblement le parfum de son corps, elle aime se faire goûter quand elle sait que ce que son amant lèche ainsi amoureusement lui donne envie de poursuivre ce petit jeu.

«Je ne devrais pas avoir besoin de vous faire un cours sur l'art des préliminaires, mais malheureusement, il semble bien que cela s'impose puisque toutes les femmes se plaignent de ce que les hommes n'y attachent jamais l'importance voulue. Mais autant, sur le plan affectif, il est important de donner à votre partenaire l'envie de faire l'amour, par la création d'une atmosphère complice et propice, autant au niveau purement sexuel il est important de continuer à l'entourer de ces mille attentions que vous lui prodiguiez simplement pour lui faire tourner les yeux vers vous. Bien sûr, me direz-vous, mais après dix ans de mariage, les préliminaires...

Je vous répondrai que plus que jamais ils sont importants puisque l'habitude, la routine risque de détruire votre harmonie sexuelle si ce n'est déjà fait.

Plus que jamais il est nécessaire alors de montrer à votre épouse que vous la désirez toujours. Il n'est pas besoin que vous lui juriez sur la tête de ce que vous avez de plus cher qu'elle est toute votre vie et que vous repreniez vos serments de jeune marié. Assurez-vous donc simplement de lui donner ce dont elle a besoin affectivement et émotivement avant de passer aux caresses amoureuses. Et une fois que vous en serez à ce moment-là, prenez soin de lui montrer que vous l'aimez toujours en lui procurant le plaisir auquel elle est en droit de s'attendre.

Donc, prenez plaisir à la regarder. Oui, mangez-la des yeux, admirez-la. Essayez donc de la voir telle qu'elle est. Mais ne soyez pas trop négatif dans vos appréciations de son physique. Après dix ans de mariage, il est plus probable que vous n'avez plus rien d'un Apollon vous-même, alors si les seins de votre épouse ne sont plus dans leur prime jeunesse, pourquoi faudrait-il le lui faire remarquer? D'ailleurs dans notre société où l'apparence physique est tellement importante (Dieu sait pourquoi!), croyez-vous qu'elle n'en est pas consciente? Croyez-vous que ces images à la télévision, ces photos dans vos revues pornographiques, ne lui rappellent pas suffisamment qu'elle a passé le cap de la trentaine et que ses seins ne sont pas aussi fermes qu'ils l'étaient, que son ventre n'est plus aussi plat qu'à ses dix-sept ans?

Mais ce regard de désir que vous aurez pour elle devrait être alors motivé par autre chose que le simple désir d'un beau corps. Il devrait être motivé par l'amour, par le souvenir et la promesse également d'agréables moments dans la chaleur de l'étreinte.

D'ailleurs, vous vous rendriez compte que vous vous laisseriez prendre vous-même à ce petit jeu. Essayez de voir votre partenaire avec des yeux neufs, pas les yeux de l'habitude, cela vous permettrait de vous laisser aller à des caresses que vous n'avez pas faites depuis longtemps, plus par paresse qu'autrement. Approchez-vous d'elle, dites-lui que vous l'aimez, laissez vos mains la caresser doucement. Dégagez ses épaules, embrassez-les doucement, délicatement, soulevez ses seins de vos mains avec un murmure d'appréciation. Laissez-vous emporter par ce petit jeu. N'ayez pas peur d'être dupe de votre désir. Si vous ne lui donnez pas la chance de s'exprimer, de se manifester, si vous restez allongé dans votre lit en grognant, le nez plongé dans un magazine quelconque, ne vous surprenez pas que votre femme ne trouve pas cette attitude une introduction très empressée aux jeux de l'amour.

Le jeu du désir

Avec les participantes du groupe, il y avait un jeu que j'avais imaginé. Nous nous placions deux par deux, une était nue et l'autre se plaçait près d'elle avec pour mission de passer ses mains sur le corps de sa partenaire. Évidemment, cela ne se produisait pas aux tout débuts des sessions, il fallait vaincre beaucoup de barrières avant d'en arriver là. Mais on devait participer à cette étape que je considérais essentielle pour manifester l'acceptation de soi-même, de son corps, de sa sexualité. Le fait qu'une autre femme serve de partenaire ne changeait rien au problème, mais l'accentuait, je dirais. En effet, les femmes ont tellement appris à se désolidariser les unes des autres qu'on n'ose plus se manisfester d'amour ou d'affection. Au fur et à mesure que la prise de conscience se produisait, elles manifestaient plus d'attachement les unes envers les autres et dès lors, à nos yeux, la preuve réelle de cette acceptation de sa nouvelle condition de femme, c'était de se soumettre à une telle séance.

Le jeu du désir consistait uniquement en ceci que la partenaire qui caressait l'autre n'essayait rien d'autre sinon que de lui faire connaître le désir. Uniquement. Pour cela, elle devait obéir à toutes les indications de sa partenaire et se soumettre à tous ses besoins. Mais évidemment, il ne s'agissait que de la caresser, pas de la faire jouir, ce qui n'était d'ailleurs pas le but de l'expérience.

J'ai noté qu'au cours de ce genre d'expérience, toutes les femmes arrivaient à éprouver un désir intense, même celles qui arrivaient dans le groupe en disant qu'elles considéraient ça comme du temps perdu et que jamais elles n'avaient réussi à ressentir le moindre désir. Évidemment, je fais exception ici de celles qui souffraient de problèmes psychologiques. Ça se produit, bien sûr.

J'étais agréablement surprise de les voir répondre

si passionnément à ce qui n'était finalement qu'un exercice de prise de conscience de ses capacités de désir. Doreen qui avait divorcé à trois reprises et qui passait d'un amant à l'autre, était arrivée dans le groupe en disant que son cas était désespéré, qu'elle ne pensait plus jamais arriver à retrouver ce sentiment merveilleux qu'elle goûtait quand elle se masturbait.

De la voir, les yeux couverts d'un bandeau pour ne pas voir ce que sa partenaire lui faisait, se tortiller sur le matelas en mousse et supplier sa partenaire de ne pas arrêter, ça me faisait énormément plaisir. Elle découvrait que le désir n'était certes pas disparu chez elle, mais qu'il demeurait étouffé par les pressions sociales et sexuelles. Avec une autre femme, elle n'avait pas besoin de se préoccuper de donner du plaisir comme elle l'aurait fait avec un homme, elle était libre de se laisser aller. Ce que je soupçonnais d'ailleurs puisqu'elle arrivait à jouir en se masturbant.

Or, le même phénomène peut se dérouler dans l'intimité de votre chambre à coucher. La routine est votre pire ennemi, monsieur. Avec le temps, comme dit la chanson, tout s'en va. Mais il n'est pas nécessaire ni obligatoire qu'il en soit ainsi. Il est certain qu'il faut lutter un tant soit peu pour garder cette fraîcheur de sentiment à mesure que les années passent, mais si vous vous donnez la peine de rechercher l'atmosphère fiévreuse qui préludait à vos premiers emportements, vous serez probablement le premier étonné de voir que ce désir est toujours présent, caché sous les tracas et l'ennui!

Oubliez-vous!

Le meilleur conseil que je puisse vous donner pour que votre compagne ne vous oublie pas, c'est... de vous oublier! Chaque chose vient en son temps.

Alors ne vous préoccupez pas de votre plaisir en premier lieu. De toute façon, il ne serait certes pas très intense si vous voulez vraiment le satisfaire en premier lieu. Mais laissez de côté ces petites impulsions qui vous poussent à vouloir tout de suite plonger votre sexe dans son vagin. C'est le chemin le plus sûr vers l'échec!

Regardez-la. Laissez vos doigts courir négligemment sur son corps. Commencez par le cou, la nuque, les oreilles, amusez-vous à suivre du bout des doigts la masse de ses muscles. Puis descendez aux épaules. Demandez à voir ses aisselles. Les femmes sont souvent très sensibles des aisselles. Ne la chatouillez pas, de grâce.

Oubliez-vous le plus longtemps possible. Ne pensez pas à votre pénis gonflé qui exige impérieusement la satisfaction immédiate. Adoptez l'attitude chinoise qui veut que le véritable plaisir, c'est de provoquer la tension le plus longtemps possible. Si vous vous soulagez immédiatement, non seulement votre plaisir ne sera guère que très médiocre, mais de plus vous êtes assuré que votre partenaire en sera très «refroidie»! Dans tous les sens du terme!

Que vos doigts glissent délicatement sur ses seins, admirez les pointes qui se dressent lentement, qui cherchent la chaleur de vos paumes, de vos lèvres, puis poursuivez lentement votre voyage d'exploration. Que votre bouche prenne ensuite la relève. Ne vous empressez pas trop d'aller lui caresser le clitoris. Bien sûr, les femmes adorent ça, mais pourquoi vous dépêcher? Vous avez toute la nuit devant vous et ne vous inquiétez surtout pas pour vos heures de sommeil perdues. Faire l'amour est une détente absolument merveilleuse et même si vous ne dormez que quelques courtes heures, vous ne vous en sentirez que plus frais et dispos que si vous aviez passé une nuit normale.

Usez de votre bouche! Abusez-en! Dans toutes les enquêtes sur le comportement sexuel, les femmes admettent dans des proportions de 85 pour cent et plus qu'elles adorent le cunnilingus. Encore là, il se peut que votre partenaire souffre des préjugés habituels sur cette caresse (genre: «Je suis sale», «Je ne sens pas bon», etc...) mais rassurez-la et faites-le-lui... le plus longtemps possible.

«J'aimerais ça qu'une fois dans ma vie un homme me caresse de sa bouche tout un après-midi de temps. S'il faut que je le paie pour ça, je suis prête à le faire!» plaisantait Mary-Jane. Mais ce sentiment traduisait l'impression générale du groupe.

La langue est tellement plus douce que les doigts et elle est malléable de sorte qu'elle épouse les formes caressées. Pour une femme, c'est une expérience divine, sauf évidemment si les préjugés subtilement implantés par la tradition puritaine viennent l'empêcher de s'y laisser aller.

Alternez avec des caresses de massage sur tout son corps. N'hésitez pas à laisser votre bouche courir sur son dos, ses fesses, ses cuisses. Donnez-vous le temps d'explorer son corps tout entier. La règle d'or serait la même que lors du massage: que pas une seule parcelle, si petite soit-elle, de son corps reste inexplorée!

Ce seul conseil vous ouvre la porte à des possibilités infinies qui vous feront voir, aux yeux de votre partenaire, comme un amant merveilleux!

11

LA COURSE À L'ORGASME

J'aurais pu continuer pendant des pages et des pages à décrire par le menu chaque étape des préliminaires. Mais je ne veux surtout pas le faire. Je veux éviter de vous donner une liste soigneusement annotée de ce qu'il faut faire et ne pas faire dans le lit. Je vous dirai simplement ceci: faites tout ce que vous avez envie de faire et, de préférence, le plus longtemps possible. Voilà! Si vous avez besoin d'être pris par la main pour vous montrer ce qu'il faut faire, c'est le seul et unique précepte que je veux vous donner. Usez de votre imagination que diable. Après tout, il existe tellement de «bibles sexuelles» sur le marché que cette lecture, dont les hommes raffolent d'ailleurs, ne peut que vous donner quelques idées. Mais attention! L'acrobatie n'est pas synonyme de plaisir et comme dans toutes choses, les caresses les plus simples sont souvent les plus efficaces. La lecture du Rapport Hite devrait d'ailleurs vous éclairer amplement sur les véritables besoins des femmes. Je ne vous dis que ça!

Et l'orgasme dans tout ça?

«L'orgasme? Qu'est-ce que c'est?» demandait Jean en plaisantant alors que chacune devait raconter comment elle voyait l'orgasme total, ultime, véritable. Chacune décrivait alors ses propres expériences et quand Jean dut prendre la parole, elle choisit de parler de ce qu'elle imaginait que c'était, parce que, disait-elle, «je n'ai jamais véritablement connu quelque chose qui ressemblât à ce que vous décrivez!»

L'attitude de Jean n'est pourtant pas unique. Beaucoup de femmes n'arrivent à l'orgasme que par la masturbation ou alors quand elles se font caresser avec la main ou la bouche. Quant à l'orgasme divinisé par la mythologie masculine, celui procuré par la pénétration d'un pénis (le plus gros possible), c'est de la foutaise. Je vous l'ai dit et redit, les trois quarts des femmes interrogées avouent ne pas ressentir d'orgasme lors du coït. Ce n'est pas une invention lancée en l'air par les féministes enragées ou les lesbiennes frustrées, c'est une réalité statistique avec laquelle, vous, messieurs, devez apprendre à vivre... et autant que possible agir en conséquence!

Agir en conséquence, ça veut dire quoi au juste?

L'orgasme gratuit!

Puisque vous êtes si bien partis avec des caresses «ad lib» et que vous avez réussi à oublier vos sacro-saints préceptes mâles qui vous adjurent de pratiquer le coït le plus rapidement possible, allez donc jusqu'au bout et même plusieurs fois plutôt qu'une, c'est-à-dire faites-lui connaître ce que j'appelle l'orgasme gratuit. Gratuit dans le sens qu'il n'accompagne pas obligatoirement le coït et qu'il n'est pas le «suçon» de récompense qu'on donne aux enfants qui ont été sages!

Pourquoi, puisque vous en êtes encore aux préliminaires, ne pas utiliser vos doigts ou votre bouche pour lui faire connaître l'orgasme? Remarquez que plus de quatre-vingts pour cent des femmes arrivent à l'orgasme par la masturbation alors qu'elles sont soixante-dix pour cent qui n'y parviennent pas par le coït. Dès lors, la conclusion logique s'impose.

«Des orgasmes, confiait Irène, je peux en avoir à la pelle, je dirais. Il suffit que mon amant me caresse longtemps et puis quand sa bouche se dépose sur mon sexe et surtout sur mon clitoris, alors ça se met à exploser d'abord lentement, puis ils se succèdent de plus en plus rapidement jusqu'à ce que tout mon corps semble pris dans une sorte de brasier intense mais rafraîchissant, comme si j'étais tout à coup une fleur qui s'épanouissait et un désir intense d'être pénétrée me saisit alors... C'est ce moment que je préfère entre tous. On dirait que je suis une fleur immense qui attend la fécondation. C'est tout simplement extraordinaire!»

Pour Lauraine, la stimulation du clitoris doit se faire de façon très, très, délicate.

«Ce qui me procure les plus grands plaisirs, c'est quand mon amant prend le temps de me huiler le corps, des pieds à la tête. Cela rend son toucher si extraordinairement doux que je me sens insensiblement glisser dans une sorte d'état euphorique et très sensuel. Je suis prête à accepter tout ce qu'il veut. J'aime surtout me coucher sur le dos, les genoux pliés, les jambes largement ouvertes, lui offrir mon sexe et mon anus et alors, ses doigts huileux glissent doucement entre mes lèvres, jusqu'à mon anus. J'aime qu'il l'explore doucement du bout d'un doigt, puis ensuite plus profondément, et alors sa bouche vient se poser doucement sur mon sexe. J'aime sentir son nez qui presse doucement mon clitoris pendant que sa langue caresse l'entrée de mon vagin. Je pourrais rester comme ça pendant des heures et des heures. Malheureusement, ça ne dure jamais assez longtemps à mon goût!»

Il existe des tas de manières de caresser une femme. Chaque femme a d'ailleurs des préférences particulières. Une préférera se faire caresser le clitoris alors qu'un doigt la pénètre légèrement, d'autres aimeront mieux les doigts placés sur le pubis et le caressant par une sorte de mouvement ferme et circulaire. D'autres préfèrent beaucoup plus une bouche, certaines veulent un rythme soutenu et régulier alors que d'autres optent pour un rythme irrégulier mais qui va en s'accélérant.

Bref, chaque femme a ses exigences propres. Encore est-il qu'il vous faut les découvrir. N'ayez donc pas peur d'en parler avec elle. Peut-être le dialogue sera-t-il difficile à établir en premier lieu, mais par expérience, je sais que ce ne sont pas surtout les femmes qui se refusent à ce dialogue, mais les hommes. Vous êtes coupables, messieurs, de vous enfermer dans vos croyances ineptes et imaginaires au sujet des femmes et surtout de leur sexualité. Votre ignorance à ce niveau est vraiment stupéfiante comme beaucoup le faisaient remarquer lors de nos discussions de groupe.

«J'ai eu un amant, racontait Rachel, qui me caressait comme si j'étais un morceau de veau... Le pire, c'est qu'il était obstétricien!!!»

C'est un jeu, ne l'oubliez pas!

Vous n'avez de compte à rendre à personne d'autre qu'à vous deux en regard de vos activités sexuelles, alors pourquoi vous inquiéter et vous tourmenter? Bien sûr, les hommes sont tous sujets à toutes sortes d'angoisses sexuelles. C'est un fait connu que la culture impose toutes sortes d'obligations aux hommes, surtout au chapitre sexuel. Mais voilà l'occasion ou jamais de vous défaire de ces angoisses stériles et puériles qui ne font rien d'autre que vous rendre la vie misérable et le plaisir bien... désagréable!

C'est un jeu, le sexe est une récréation. Les règles sont abolies. Il n'existe rien d'autre que votre désir à tous deux, l'envie de tout faire et de vous donner un plaisir tel que vous n'en avez jamais goûté encore.

Mais profitez de cette occasion pour oser ce que vous n'avez peut-être encore jamais osé faire: demandez à votre partenaire ce qu'elle aime... Mieux encore, demandez-lui donc de se caresser devant vous. Oui, vous avez bien lu, de se masturber! Bien sûr, beaucoup de femmes, à cause encore et toujours de ces maudites barrières psychologiques, n'oseront peut-être pas faire le premier pas dans cette direction. Alors, vous, monsieur, pourquoi ne pas le faire? Oseriez-vous vous masturber sous les yeux de votre partenaire? Pourquoi pas puisque beaucoup de femmes trouvent excitante cette situation. D'après le rapport Kahn, le spectacle de la masturbation masculine constitue un très fort stimulant sexuel pour un grand nombre de femmes. Mais n'insistez pas trop si elle vous dit que cela ne l'excite guère. Après tout, ce geste n'est qu'au dixième rang des activités sexuelles préférées des femmes.

Cependant, de voir que vous osez, vous, faire un tel geste l'encouragera probablement et de plus si elle se rend compte que votre désir vient de l'envie d'en connaître plus long sur ses plaisirs véritables, alors il est plus que probable qu'elle acceptera de vous en faire la démonstration.

Ce qui devrait d'ailleurs vous permettre de vous rendre compte de la façon dont elle aime être caressée. De plus, le fait pour une femme de se caresser et de se donner du plaisir sous les regards amoureux de son amant constitue pour elle une preuve d'amour et d'acceptation très forte. Surtout que les préjugés concernant la masturbation féminine sont si puissants. Alors, de voir que vous ne vous sentez en rien frustré qu'elle se fasse jouir elle-même constituera certainement à ses yeux un renforcement de ses sentiments à votre égard.

N'hésitez pas d'ailleurs, si votre compagne préfère recevoir du plaisir de votre bouche, à le lui donner de cette façon. Je vous signale en passant que le rapport Kahn place le cunnilingus au premier rang des activités sexuelles préférées des femmes.

Comme le mentionnait une des confidentes du Rapport Hite: «Ce que j'aimerais par-dessus tout, c'est qu'on me dise de temps en temps en plein milieu de la journée ou de la nuit: «Détends-toi bien, laisse-toi aller, ne pense qu'à ton plaisir: je vais te faire minette pendant une heure.»

Ce «cri du coeur» devrait vous faire réfléchir. Essayez d'oublier vos conceptions «masculines» de ce qui fait plaisir aux femmes. Nous avons vu dans un chapitre précédent que vous n'y connaissez vraiment rien. Trop souvent vous croyez que quelque chose plaît aux femmes alors que ce n'est pas vrai du tout. Alors, pour une fois, laissez-vous aller à pratiquer une activité qui lui plaît vraiment: le cunnilingus! Vous partez gagnant à tout coup!

L'imagination

Savez-vous où les femmes préfèrent faire l'amour?

D'abord dans le lit (il fallait évidemment s'y attendre) mais encore...? Par terre! Oui, par terre, vous avez bien lu. Surtout pas sur la banquette arrière d'une auto. Elles sont catégoriques à ce sujet, c'est la dernière place où elles aiment faire l'amour. Probablement cela vient-il de ces séances de «petting» dans l'adolescence qui menaient, après un certain temps, au coït même. Mauvais souvenirs que cette première fois où la douleur et le manque d'expérience du partenaire, alliés à l'inconfort de la banquette arrière d'une auto, faisaient de l'expérience quelque chose de pas très heureux.

Mais par terre, ça ne veut pas dire simplement par terre dans la chambre à coucher.

«J'ai toujours rêvé, avouait Laurie, même si mon mari est bien trop gêné de le faire, de faire l'amour sur une plage. J'imagine souvent que je suis étendue, nue, sur une immense plage baignée par le soleil et alors Jack se tourne vers moi, se met à me caresser de sa bouche, lentement, puis ses doigts défont la cordelette qui retient mon soutien-gorge. Il me caresse les seins, les baise, les suce pendant que ses doigts courent partout sur mon corps. Le soleil me chauffe le sexe quand j'ouvre les jambes et cette caresse toute chaude m'excite encore plus. De sentir le sable sous mon corps, cela ajoute à mon bonheur et quand il se couche sur moi, je suis déjà toute prête, aveuglée par le soleil, soûlée de l'air iodé qui arrive à mes narines. Je crois que je jouirais comme une vraie folle si jamais ça se réalisait.»

À ce chapitre, d'autres ont aussi le même genre d'idée. «Je me souviens, racontait Carole, qu'un été, mon mari et moi étions allés dans le Vermont pour y passer les vacances. Nous avions l'habitude de nous promener dans le bois l'après-midi et souvent il m'arrivait d'enlever ma blouse pour me promener avec lui, les seins nus. J'en avais une telle impression de liberté que ça me grisait. Oui, vraiment, ça m'excitait. Puis, Peter enlevait sa chemise et le contact de sa peau nue sur la mienne me faisait délirer de désir. Nous nous étendions sur le sol moussu, avec l'odeur de la résine des arbres et alors je restais étendue, le laissant m'enlever mon pantalon et je jouissais littéralement de sentir le vent frais sur mon corps nu. Il n'avait pas besoin de me caresser bien longtemps pour que j'en aie énormément de plaisir. Il disait que ça l'excitait beaucoup ce spectacle de me voir toute nue étendue comme ça, en pleine forêt. Nous n'avions pas peur d'être surpris. D'autant plus que le coin n'était pas exactement désert. Mais ça ne s'est jamais produit. Pourtant, nous avons pris l'habitude de cette petite promenade «nudiste» et à chaque fois, je ressentais les mêmes frissons de plaisir. C'est ce que j'appelle ma période «Adam et Ève»!»

Par terre, cela veut dire aussi par terre un peu partout dans la maison ou dans l'appartement. May avait à ce sujet une anecdote très savoureuse:

«J'ai eu un amant qui était très passionné. Il était comme ça avec toutes les femmes, mais avec moi, ce fut une découverte puisqu'à ce jour, j'étais plutôt du genre «fillette sage» et... réservée. Le premier soir que je l'invitai chez moi, nous avions à peine ouvert la porte de l'appartement qu'il m'enserrait étroitement et qu'il se mettait à me dire qu'il brûlait de désir pour moi... toutes sortes de petits mots doux du genre et pendant ce temps, il me déshabillait. Je me sentais toute gênée d'être là à me faire déshabiller par cet homme que je connaissais à peine. Bien sûr, je savais que nous allions faire l'amour, mais... comme ça? La porte de l'appartement était ouverte et je la poussai tant bien que mal du pied tandis que sa bouche courait sur ma poitrine qu'il avait réussi à dénuder. Pourtant, petit à petit, cette hâte, cet empressement, et surtout dans le vestibule de l'appartement, ça me grisait en quelque sorte... Sa bouche baisait avidement mes seins et je me surprenais à répondre à ses mouvements, je pressais sa tête sur ma poitrine et j'ouvrais les jambes pour lui permettre de me caresser les cuisses. Il était vraiment emporté... et son emportement me gagnait. Je me surprenais à lui enlever son veston, sa chemise et, finalement, on s'est retrouvés par terre, à moitié dévêtus, à se caresser comme deux vrais fous... Le plus drôle, c'est qu'avec mon amant suivant, je le désirais tellement que c'est moi qui lui ai fait ça. Il est parti en claquant la porte: il disait qu'il ne voulait rien savoir d'une nymphomane!!!»

Mais l'imagination, ça veut dire aussi imaginer toutes sortes de petits jeux érotiques qui peuvent vous procurer beaucoup de sensations nouvelles. J'ai connu une femme dont le mari raffolait de la fellation mais elle, elle manifestait un si vif dégoût de cette pratique qu'il n'était absolument pas question qu'elle s'y prête. Pourtant, étrangement, elle ne désirait rien tant que le cunnilingus. Il y avait un problème de taille entre eux. Le mari me confia que c'était l'odeur du sexe de sa femme qui l'incommodait alors que son épouse disait avoir horreur du goût du sperme. Je les pris donc à part et je leur fis faire le jeu de la table. En répandant des crèmes de différentes saveurs sur le sexe de sa femme, le mari trouva que l'odeur ne l'incommodait pas du tout et le goût lui faisait apprécier cette pratique. Mais pour ce qui est de la fellation, j'employai le vieux truc de la crème fouettée. Elle couvrit le pénis de son mari d'une abondante portion de crème fouettée et alors elle se mit à la manger. Bien sûr, elle se prit au jeu et elle trouva que ce n'était pas si terrible que ça. D'ailleurs j'avais pris la précaution de lui faire goûter du sperme (je l'avais fait devant elle, sous ses yeux, pour la rassurer) et évidemment comme le sperme n'a pratiquement aucun goût, elle ne put que constater que ses objections ne tenaient guère.

Le jeu de la table est un de ces petits jeux qui permettent de se libérer sexuellement, si je peux dire. Le but peut être didactique (c'est-à-dire montrer quelque chose) ou il peut être tout simplement conçu pour s'amuser et mettre un peu de variation dans la vie sexuelle. Les hommes auraient intérêt à se soumettre et à pratiquer de tels jeux car ils sont, plus que les femmes, sujets à la routine sexuelle. Surtout après quelques années de mariage, des jeux tels que le jeu des positions permet de renouveler un bagage sexuel qui risque de s'embourber dans la routine.

Le jeu des positions

Ce n'est pas parce que les femmes ne retirent pas de plaisir du coït qu'elles ne veulent pas le pratiquer. En effet, aussi paradoxal que ça puisse paraître, les femmes retirent de la pénétration une sorte de bien-être émotif, affectif, qui compense dans beaucoup de cas pour le manque d'orgasme.

Shere Hite a d'ailleurs interrogé ses nombreuses confidentes à ce sujet et les réponses sont révélatrices:

«J'aime faire l'amour. Même quand je ne jouis pas ou que je n'aime pas vraiment l'homme, ça me plaît (à moins qu'il me fasse vraiment mal) parce que nous sommes tout le temps près l'un de l'autre, plus près qu'on ne peut l'être autrement. Même sans orgasme, je dirais que c'est pour moi plus de la moitié du plaisir.»

«Physiquement, j'aime avoir son pénis en moi. J'aime le caresser et l'étreindre avec mon vagin. Affectivement, je sens jusqu'au plus profond de mon corps et de mon esprit que nous ne formons plus qu'un. Je me sens pleine de vie et de vigueur. Je suis comblée et j'ai l'impression de ne plus avoir un seul souci au monde; seuls subsistent la suprême extase et le bonheur de ne faire qu'un avec lui.»

«J'aime l'intimité du coït: pendant toutes ces minutes, l'homme m'appartient totalement et je suis aimée, heureuse, comblée; je plane très haut, je me sens désirée... et parfois adorée.»

Ce qui n'est pas cependant une raison pour passer tout de suite à la pénétration. Car, ce climat psychologique (on se rend compte que ce bonheur que ces femmes décrivent est essentiellement d'origine psychologique), il se prépare. Vous l'avez préparé en essayant de créer un climat propice aux relations amoureuses, soit par un souper intime, le massage ou toute autre chose que vous aviez envie de faire et surtout, surtout, par de longs préliminaires (Dieu que je déteste ce mot!).

Car, en fait, ce que ces préliminaires vous permettront en même temps de réaliser, c'est le désir du pénis. Le désir d'être prise, possédée, remplie en un mot!

Car au fur et à mesure que vos caresses se prolongent, c'est vraiment ce désir qui s'installe chez la femme. Ce n'est pas toujours ressenti aussi fortement, mais c'est très fréquent. Ce désir du pénis, ce n'est rien d'autre que ce qu'il décrit, comme l'expliquait Carla:

«Quand j'ai eu plusieurs orgasmes, quand il a bien pris son temps et que nous nous sommes caressés pendant de longues périodes de temps, je sens comme une sensation profonde de vide qu'il me faut combler.

C'est comme si mon sexe avait besoin de se refermer autour de quelque chose. Parfois, quand je me masturbe, j'enfonce alors un vibrateur, mais la texture n'est pas la même, avec mes doigts également. Seul un pénis peut me satisfaire totalement et combler cette envie particulière. Et quand la pénétration se produit, mon vagin épouse la forme du membre et alors, c'est comme si j'étais... complète!»

«D'abord, je caresse la région de mon clitoris en tirant vers mon ventre la peau du pubis. Je sens que mon vagin s'ouvre, qu'il a envie de se refermer sur quelque chose, d'être pénétré... mais s'il est pénétré, tout est gâché, peut-être parce que la sensation devient trop généralisée. Si le point sensible pouvait être touché, quel pied! C'est à l'instant où je vais jouir que la sensation est la plus intense; mais si je suis pénétrée au même moment, c'est foutu!»

Donc, comme vous le voyez, ce désir vaginal n'est pas nécessairement le désir du pénis, quoique, dans notre culture, cela se traduit souvent ainsi. D'autres témoignages indiquent que ce désir vaginal n'est pas nécessairement comblé par le coït, comme nous l'avouait Cindy:

«Ça se produit surtout quand je me masturbe ou quand j'ai été profondément excitée, par le cunnilingus par exemple. Alors, on dirait que, tout au fond, mon vagin s'ouvre comme pour former une sorte de... oui, une sorte de puits. Mais cette sensation est plus agréable quand je me masturbe. On dirait que lorsque je suis pénétrée à ce moment-là, cette sensation devenait plus diffuse, se répandait partout dans mon vagin alors qu'autrement, je pourrais presque la situer exactement. Même que parfois, ça peut devenir inconfortable. Pas vraiment douloureux, mais... agaçant!»

En fait, cette manifestation de désir vaginal illustre peut-être mieux que n'importe quel autre phénomène la différence qui peut se produire entre un orgasme provoqué par la stimulation du clitoris uniquement et un orgasme qui survient au moment du coït quand la pénétration répétée du pénis provoque une traction qui stimule le clitoris. Dans la masturbation ou la stimulation directe du clitoris, l'orgasme est alors plus vif, plus net, mieux situé physiquement alors que l'orgasme dans le coït se traduit par une sensation plus diffuse, plus généralisée.

Quelles conclusions pourriez-vous en tirer pour apprendre à mieux faire l'amour à une femme? J'avoue que la ligne de conduite que je préfère donner aux participants de notre groupe, c'est d'abord de prendre le temps de se donner du plaisir dans le prélude et quand le désir de la pénétration survient, de procéder alors à la pénétration, au coït. Notez, messieurs, que très souvent votre partenaire aura envie de vous recevoir pour toutes sortes de raisons et pas nécessairement parce que la pénétration vient culminer son plaisir physique. Ce qui, nous le savons maintenant, n'est pas toujours le cas. C'est même l'exception. Mais vos jeux préalables auront créé une telle atmosphère amoureuse que, affectivement, votre partenaire aura envie de vous prendre tout entier, vous posséder, de ne faire qu'un avec vous!

Quelle position est la meilleure?

C'est une question qui m'est souvent posée. On dirait que même les femmes ne savent pas très bien qu'est-ce qui leur fait vraiment plaisir. Les hommes, quant à eux, favorisent évidemment la position traditionnelle dite du «missionnaire». Je préfère de loin l'appellation «papa-maman»! Bien que ce dernier nom soit peut-être un peu péjoratif!

Évidemment, cette position a été dernièrement très critiquée par les tenantes du féminisme parce que, bien sûr, elle traduit le modèle social des rôles masculin et féminin. L'homme a toujours le dessus, la femme, elle, est dessous! Ce qui est remarquable, c'est que cet esprit est si bien enraciné que sur plus de cent mille femmes interrogées par le magazine *Cosmopolitan,* 61 pour cent de celles-ci ont répondu que c'était là leur position préférée dans le coït.

Mais ça ne doit pas nous surprendre puisqu'on a vu que si les femmes ne retirent pas souvent du plaisir de la pénétration, la satisfaction émotive est par contre très intense. C'est peut-être là qu'il faut voir l'explication de cette attitude contradictoire.

Mais sur le plan physique, purement sexuel, sachez, messieurs, que cette position n'est pas celle qui, physiquement, permet à la femme la plus intense stimulation. Notons en effet que les femmes qui avouent avoir toujours des orgasmes lors du coït sont celles qui adoptent la position de ce que j'appelle «la cavalière»! La femme assume alors la position dominante. D'ailleurs, c'est la position qui est recommandée quand il s'agit de traiter certains problèmes sexuels féminins. Il ne faut pas s'en étonner. Dans cette position, le partenaire a les mains libres pour caresser les seins et le clitoris de son amante et ainsi lui procurer une stimulation de plus en plus intense pendant qu'elle procède elle-même aux mouvements du coït.

«Ce que j'aime surtout, racontait Louisa, c'est quand mon mari est adossé à la tête du lit et que je m'assois sur lui en lui tournant le dos. Je peux alors m'adosser à lui et il m'entoure de ses bras, ses mains caressent mes seins et je peux moi-même caresser son pénis qui est plongé en moi et me caresser le clitoris en même temps. Je pourrais passer des heures dans cette position à attendre que le plaisir devienne de plus en plus fort. La volupté est alors tellement intense, tellement... enveloppante que j'ai toujours des tas d'orgasmes rien qu'à rester comme ça, sans bouger.»

«J'aime pouvoir voir son visage et savoir que c'est moi qui lui procure son plaisir... Mes muscles vaginaux sont très puissants et je sais les contrôler à merveille. Alors je le pousse sur le dos et quand son pénis est en moi, je le serre tout en me soulevant. La friction est alors très intense. J'aime tourner les hanches et le retenir en même temps. C'est une sorte de malaxage qu'il apprécie beaucoup et de voir son expression à ce moment-là, ça me fouette littéralement. J'adore...!»

Qu'est-ce qu'elles aiment dans le coït?

La position de la femme dominante procure beaucoup de sensations voluptueuses. Comme ces réactions de plusieurs en font foi:

«J'ai des sensations très excitantes quand je suis assise sur le pubis de l'homme et que je me frotte de haut en bas sur son pénis enfoncé dans mon vagin. C'est ainsi que j'obtiens la meilleure stimulation physique, à laquelle il faut ajouter la stimulation psychologique de pouvoir observer sur son visage les signes de son plaisir.»

«Pour moi, la position idéale est la suivante: je suis sur lui, les cuisses serrées et le pénis complètement enfoncé, je remue en cadence le bassin d'arrière en avant, assez lentement, pendant qu'il me caresse les seins Mais quand il est sur moi, dans la position du «missionnaire» et que ça se prolonge, je finis par me lasser.»

«Il est assis ou à moitié couché. Je suis au-dessus de lui, son pénis dans mon vagin selon un angle qui me permet de presser mon clitoris sur son pubis. En même temps, il joue avec le bout de mes seins tandis que je remue le bassin au gré de mon plaisir.»

«Mon amant peut se retenir plus longtemps quand je suis sur lui. Ce n'est pas aussi stimulant pour lui, ou au moins, si je me rends compte qu'il devient trop excité, je peux ralentir mes mouvements. De cette manière, il peut se retenir très longtemps et plus il se retient longtemps, plus j'ai de chances d'avoir un orgasme.»

Mais ce n'est qu'une façon qu'aiment les femmes dans le coït. Il y a d'autres manières qui leur permettent d'avoir un orgasme. Les voici. Vous remarquerez d'ailleurs, messieurs (et prenez-en donc bonne note), que toujours c'est le clitoris qui reçoit une stimulation intense.

À part la position de la femme dominante, la position de la femme couchée sur le ventre permet aussi de parvenir à l'orgasme.

«Quand mon amant me prend quand je suis couchée sur le ventre, il peut s'enfoncer en moi si profondément que j'ai l'impression que son pénis est beaucoup plus gros qu'en réalité. J'adore cette sensation tandis que je peux bouger mon pubis et le frotter au drap ce qui stimule mon clitoris très agréablement. Ou alors, si je me mets à quatre pattes, il peut encore me stimuler le clitoris de ses doigts ou de son gland en sortant son pénis de temps en temps. Mais je préfère sur le ventre, alors que ça me permet de me frotter sur la couverture ou, plus simplement, je place une main sous moi et, tandis que je me caresse le clitoris, je peux sentir sur mes doigts toute la longueur de son pénis qui me possède. C'est merveilleux.»

Évidemment, il y a tellement de femmes qui se masturbent en employant cette technique du frottement qu'il ne faut pas se surprendre qu'elles raffolent de cette position même dans le coït. Pour elles, c'est l'assurance de pouvoir se donner un orgasme si leur partenaire n'y parvient pas par la seule pénétration.

Une autre technique qui permet aux femmes d'avoir un orgasme dans le coït, c'est quand les pubis se frottent l'un contre l'autre, comme si on cherchait à écraser les pubis l'un sur l'autre. Elle a ceci de particulier qu'elle ne se limite pas à une seule position coïtale. On peut pratiquer cette technique dans toutes sortes de positions bien qu'il soit souvent plus facile de le réaliser quand la femme est en position dominante.

Tanya décrivait bien ce mouvement particulier:

«Je m'agenouille au-dessus de lui et j'enfonce complètement son pénis en moi, puis c'est comme si je me laissais tomber de tout mon poids sur son corps. Je me penche par en avant en m'appuyant sur les mains et alors, mon clitoris touche son pubis. C'est alors que je me mets à agiter les hanches doucement en un mouvement circulaire d'abord très lent, ou je prends une sorte de mouvement de balancier de gauche à droite. C'est mon pubis qui se frotte durement contre le sien, mais je sens le pénis en moi qui est agité doucement en même temps et si je poursuis ce mouvement pendant un bout de temps, je suis certaine d'avoir un orgasme fabuleux. D'ailleurs, c'est drôle parce que les orgasmes qu'il me donne s'il me caresse le clitoris pendant que je suis dans la même position ne sont pas aussi intenses. Mais ce

141

frottement sur l'os de son pubis, sur ses poils, c'est divin!»

«Je n'ai pas de position préférée, confiait Mona, mais à la fin, quand il a joui et que je sais que ça ne me satisfait pas complètement, alors, habituellement, je le pousse sur le dos et je retiens son pénis en moi tout en écrasant mon clitoris sur son pubis. D'ailleurs je préfère toujours attendre qu'il ait éjaculé pour le faire. Le sperme qui se mêle à mes huiles vaginales, ça rend le frottement tellement doux sur son pubis et je peux frotter ainsi mon clitoris pendant très longtemps et me faire jouir à plusieurs reprises. Mais un autre élément très excitant quand je fais ça, c'est que très souvent, je prends assez de temps pour lui laisser la chance de retrouver son souffle et une sensation qui me fait perdre la tête, c'est de sentir son pénis, toujours dans mon vagin, qui commence à s'agiter et à s'enfler. Ça... c'est vraiment quelque chose!»

Une variante de la technique précédente, c'est de frapper les pubis ensemble. Évidemment, quand on dit frapper, il faut quand même mesurer ses mouvements pour ne pas provoquer de heurt trop douloureux. C'est pour cette raison qu'habituellement je conseille à la femme de provoquer elle-même le choc. De cette façon, elle sait ce qu'il faut faire pour que ce ne soit pas trop douloureux!

«Je préfère être en dessous de l'homme pour le faire, disait Cindy. Mais je me remue énormément pour suivre chacun des mouvements de va-et-vient du pénis en moi. C'est l'élément le plus important de cette technique: pouvoir synchroniser nos mouvements, sinon le choc ne se produit plus ou alors il est discontinu et ça ne provoque pas le même genre de stimulation. Il faut que ce soit régulier.»

Dans le Rapport Hite, nous pouvons lire plusieurs exemples de cette technique:

«En général, je stimule mon clitoris en pressant mon mont de Vénus contre le pubis de mon partenaire, grâce à des mouvements rythmés du bassin. Il m'est difficile de jouir quand nous faisons l'amour debout ou quand mon partenaire me pénètre par-derrière parce que les deux pubis ne peuvent pas s'appuyer l'un contre l'autre. Quand il est sur moi et qu'il ne fait pas déjà ce que je voudrais, je mets les mains sur ses fesses et je guide ses mouvements.»

Une autre position que beaucoup de femmes adorent, c'est celle qui leur permet de placer leurs jambes sur les épaules de leur partenaire. La stimulation est alors très profonde et surtout, ça met en contact les pubis qui peuvent se frapper ou se frotter.

«Dans la position que je préfère, je me couche sur le dos et je place mes jambes sur les épaules de mon partenaire. Au début, ça demande une certaine tension dans les cuisses parce que c'est peut-être un peu épuisant si on n'est pas en bonne forme physique, mais on s'y habitue rapidement. Et puis quand le pénis vous pénètre, c'est comme s'il vous pénétrait beaucoup plus profondément et à la fin de chaque mouvement, je lui demande de frapper son pubis contre le mien. C'est comme des étincelles merveilleuses qui éclatent d'abord dans mon sexe et à chaque choc elles se répandent partout dans mon corps. Je l'agrippe comme je peux pour rendre sa pénétration la plus profonde possible. Mais il faut faire attention si le pénis de votre amant est très long. Ça peut vous frapper trop durement et alors... adieu plaisir!»

Cependant, messieurs, si vous prenez la direction

des opérations, cela ne veut pas dire que votre partenaire vous donne carte blanche. Le type de mouvement
que les femmes préfèrent plus que tout autre, ce n'est
pas le pilonnage, comme quand vous essayez de la
clouer sur le matelas. Non. Le rythme désiré par la très
grande majorité des femmes, c'est un rythme lent,
soutenu et surtout délicat. Mais avec fermeté.

«Une pénétration douce, puis des poussées pro-
fondes du pénis, qui accélèrent de plus en plus. J'ai
remarqué que quand les mouvements suivent un
rythme régulier, je peux me détendre et avoir plus
facilement un orgasme parce que je ne suis pas obligée
de me demander ce qui va suivre.»

Un autre type de pénétration que les femmes
adorent quand elles dirigent les mouvements, c'est
d'enfoncer le pénis profondément en elles. Il n'y a pas
alors de mouvements de va-et-vient mais c'est une sorte
de frottage interne, pourrais-je dire. Profondément
unis, disait Jane.

Quant à la position des jambes de votre partenaire
ou à la position générale de son corps, suggérez-lui
donc de prendre la position qu'elle adopte quand elle se
masturbe. C'est la position la plus commode pour lui
faire avoir un orgasme... et pas seulement qu'un. Donc,
comme vous le voyez, ça dépend de chacune. Il n'y a pas
de position définitive pour y parvenir.

Une autre position que de nombreuses femmes
préfèrent parce qu'elles en retirent énormément de
plaisir, c'est celle qui consiste à introduire le pénis un
tout petit peu dans le vagin mais en se plaçant de telle
sorte que la base du pénis vienne en contact avec le
clitoris. J'appellerais ça la position à angle droit. Mais
je vous avoue tout de suite que ce n'est pas toujours

facile à réaliser, surtout quand les hommes ont un pénis plus long que la moyenne.

«J'ai mes meilleures sensations quand il s'enfonce et se retire lentement, le dos de son pénis frottant mon clitoris. Ça peut paraître impossible, mais le bout de son pénis, à chaque poussée, vient frapper la paroi de mon vagin située vers mon dos.»

«J'ai eu un amant qui avait un pénis tout petit, nous racontait Ann. Je l'attirais sur moi et, de cette façon, son pénis s'enfonçait tout juste à l'entrée de mon vagin mais toute la longueur se frottait à mes petites lèvres et à mon clitoris. Je le laissais s'agiter doucement et je réglais la cadence en pressant mes mains sur ses fesses. C'était une sensation magnifique que de sentir son pénis frotter mon clitoris et disparaître en moi puis la même sensation de frottement se produisait quand il se retirait. Je n'ai jamais regretté que son pénis soit plus petit que la moyenne car cette technique me donnait à tout coup des orgasmes merveilleux!»

On peut aussi procéder à des réintroductions fréquentes du pénis dans le vagin. Cette technique tient compte du fait que seuls l'entrée du vagin et le premier tiers de celui-ci sont sensibles aux touchers. Il ne sert donc à rien de chercher à plonger profondément dans le ventre de votre partenaire puisque tout au fond, elles ne ressentent rien. Cette technique permet aussi de stimuler les petites lèvres et, par traction, toute la région du clitoris.

Mais, sans aborder la stimulation directe du clitoris par les mains pendant le coït, la technique qui permet de façon presque universelle aux femmes d'avoir un orgasme dans le coït, c'est par des préliminaires très prolongés.

«Ce que j'aime: une ambiance romantique, qu'il me déshabille et me caresse partout, que je sente sur tout mon bas-ventre la pression de ses mains et de ses doigts, sa peau nue serrée étroitement contre la mienne, qu'il me parle de nos corps et de nos sensations pendant que je nous observe dans la glace, puis sa bouche sur mon sexe, des baisers mouillés, doux, qu'il excite mon anus tout en caressant mon vagin avec ses doigts, qu'il me mordille partout, qu'il m'embrasse dans l'oreille, et qu'enfin il me pénètre et fasse l'amour en laissant son corps en contact avec ma vulve.»

12
QUI DÉCIDE QUAND C'EST FINI?

La complainte universelle

«La première fois qu'un homme me baise, il a l'air très excité, mais il est décidé à me montrer ce qu'il est capable de faire. Tout commence bien: les préliminaires sont longs et passionnés, mais dès qu'il commence à faire l'amour, il est tellement sevré que le plus souvent il jouit presque tout de suite. S'il a le temps, il peut remettre ça, et c'est plus long et plus agréable. Quelques types expérimentés et très maîtres d'eux ont soutenu avec moi une véritable course d'endurance, mais c'est arrivé très rarement. Mes meilleures «affaires» me font minette avant la première étreinte et je mets mon point d'honneur à leur rendre la politesse, surtout pour les aider à retrouver une seconde et vigoureuse érection. Pour moi, avec la plupart des hommes, le premier coït est toujours le plus passionné et le plus spectaculaire, mais il est de beaucoup moins lascif, moins orgasmique

que le ou les suivants. Quand je revois souvent le même partenaire, nos rapports sexuels semblent s'améliorer avec le temps, jusqu'au moment où l'ennui, la paresse ou l'apathie s'installent. À partir de là, le partenaire est beaucoup moins désireux de plaisir et la routine est rarement altérée. La routine? Un prélude rapide (ou rien du tout) on baise en vitesse dans l'une des deux positions (l'homme ou la femme dessus) un orgasme pour chacun de nous et crac! plus de bonhomme. Malheureusement, s'il a été trop vite pour que je puisse jouir, tant pis pour moi, parce que la séance est officiellement terminée. Dans ce cas, tout en entendant roupiller mon partenaire, je regrette de ne pas avoir le culot de me masturber. La masturbation, sous n'importe quelle forme, fait rarement partie des jeux érotiques, surtout avec les partenaires masculins. Je ne me suis jamais masturbée devant un homme. Je n'ai jamais vu un homme se masturber. Je n'ai jamais masturbé un homme jusqu'à l'orgasme; et un de mes partenaires, pas deux, m'a masturbée de temps en temps jusqu'à ce que je jouisse. Je voudrais que mes partenaires et moi soyons moins complexés, plus relaxés à cet égard, parce que je crois que nous pourrions ainsi nous apprendre mutuellement beaucoup de choses. Bien qu'il me soit souvent arrivé de ne pas jouir ou de ne pas me sentir tout à fait satisfaite après avoir joui, on m'a rarement demandé, après avoir fait l'amour, si j'aimerais être caressée jusqu'à l'orgasme. Presque invariablement, quand l'homme a joui et s'est retiré, la rencontre sexuelle est terminée, que je sois ou non satisfaite.»

C'est un fait: l'homme est tellement habitué à considérer que son propre plaisir prime tout, surtout celui de la femme, que dès qu'il a joui, c'est très rare qu'il poursuive les ébats érotiques. Pourtant, pour la femme, ça ne fait que commencer.

«C'est mon partenaire qui décide, peut-on lire dans le Rapport Hite (...) quand il a joui, en général, le sexe ne l'intéresse plus. Évidemment, il peut être fatigué, ou préoccupé par son travail. S'il reste sexuellement excité assez longtemps pour avoir une seconde érection, nous pouvons continuer nos ébats sexuels pendant un bon moment, mais c'est rarement le cas. Je trouve qu'il est vraiment malheureux que les hommes et les femmes soient biologiquement et sexuellement fabriqués de telle sorte que les hommes sont prêts à abandonner au moment même où les femmes commencent à démarrer. Je me demande dans quelle mesure les hommes comprennent cela; s'ils se rendent compte que quand ils sont épuisés et satisfaits et qu'ils sont pris par une terrible envie de dormir, la femme, chauffée à blanc, a une grande envie de jouir encore et pense à des tas de choses, sauf à dormir. Évidemment, ce n'est pas toujours le cas, mais je sais que j'ai souvent fait semblant d'être satisfaite parce que je savais que mon partenaire l'était, alors que, je vous le jure, j'aurais pu me sentir infiniment mieux!»

«L'idéal, disait Bonnie, c'est que nous puissions déterminer tous les deux ensemble quand nous sommes satisfaits. Mais c'est un idéal, c'est-à-dire que je n'espère pas que ça se produise un jour parce que, la plupart du temps, il suffit que mon partenaire ait éjaculé une seule fois pour que ça annonce inévitablement la fin. Il peut arriver qu'il ait une seconde érection, mais c'est vraiment l'exception et, plus souvent qu'autrement, j'attends quelques instants puis je me masturbe pour me soulager. Car c'est vraiment uniquement du soulagement. Quelle frustration!»

Vous allez dire, messieurs, que si la femme met tant de temps à jouir, elle en est probablement responsable un peu. Nous vous accordons que certaines femmes mettent peut-être un temps exagérément long à atteindre un niveau suffisant d'excitation pour jouir, mais je vous renvoie tout de suite la balle: la très grande majorité des hommes se préoccupent peu d'ailleurs de savoir si ça lui prend du temps ou non. Ils ne se préoccupent guère que d'une seule chose: leur propre plaisir! Tant mieux si la partenaire en retire également du plaisir, sinon... tant pis et passons à autre chose!

Comme le disait ironiquement Andréa:

«Tout se termine d'habitude très rapidement, c'est-à-dire quand il a éjaculé... Après tout, est-ce que l'éjaculation n'est pas la conclusion logique du sexe?»

Tout le conditionnement sexuel auquel nous a-vons tous été soumis, hommes et femmes, tend en effet à cette conclusion. Il faut, bien sûr, comprendre que c'était alors l'optique de la procréation qui prédominait et inévitablement, en ce sens, la seule chose qui importe, c'est le plaisir de l'homme. La femme, elle, ne sert que de réceptacle au sacro-saint sperme qui assure la descendance...!

C'est oublier de façon bien cavalière que la femme a quand même quelque chose à y faire aussi! Mais passons!

La première règle que vous devriez retenir quand vous faites l'amour à une femme, c'est la suivante: l'éjaculation ne signifie strictement rien pour la femme. Si, pour l'homme, elle est la culmination de sa jouissance, pour la femme, ça ne signifie rien d'autre habituellement que le commencement de la fin, sinon la fin elle-même. Ce préjugé provient aussi du fait que pour beaucoup d'hommes l'éjaculation provoquerait, comme une sorte de choc en retour, le plaisir de la femme. Biologiquement, il n'y a vraiment aucune donnée qui puisse démontrer une telle assertion.

C'est un fait qu'indépendamment de l'état de satisfaction ou d'insatisfaction de la femme, l'éjaculation annonce le terme des ébats sexuels.

«D'habitude, c'est terminé quand, après avoir joui, il perd son érection, que j'aie eu ou non un orgasme», peut-on lire dans le Rapport Hite.

Même son de cloche ailleurs:

«La puissance de la queue!»... c'est le pénis qui décide que tout est fini.»

Vous en voulez encore?

«Ce que je déteste par-dessus tout, c'est que tout se termine quand il jouit et se ramollit sans tenir compte de ce que je peux en penser. Cette attitude a certaines résonances politiques.»

Deux pour une, alors?

Sans doute faut-il voir dans cette insatisfaction généralisée le fait que beaucoup de femmes admettent comme préférence sexuelle de faire l'amour avec deux hommes en même temps. En effet, c'est là une des conclusions étonnantes qui se dégagent du rapport de Sandra Kahn sur le comportement sexuel féminin. De plus en plus de femmes admettent qu'elles aiment ou aimeraient faire l'amour avec deux hommes simultanément.

Sans doute faut-il y voir le raisonnement selon lequel elles ont plus de chances de se satisfaire avec deux hommes plutôt qu'avec un puisque l'éjaculation d'un homme met fin à son désir, alors avec deux...?

Cependant, bien qu'elles admettent en avoir très

envie, à cause de l'attitude sexiste masculine, il y a bien peu de chances pour que cette pratique devienne très répandue. Ils sont rares les hommes, sauf en certaines occasions rarissimes, qui acceptent de partager leur compagne avec un autre homme. Il faut y voir l'éternelle peur sous-jacente de perdre son «pouvoir» sur sa compagne si jamais le troisième terme du triangle lui faisait découvrir des jouissances plus grandes. Preuve manifeste de votre égoïsme, messieurs!

Une solution?

«J'aime pousser le plus loin possible chacune de mes expériences sexuelles, et je me sens très frustrée si je reste en plan parce qu'il s'endort après avoir éjaculé. Je voudrais que les jeux sexuels se poursuivent au-delà de son orgasme.»

Pour énormément de femmes, ce souhait restera un voeu pieux. Mais il existe cependant des solutions possibles à cette situation. Et peut-être la plus facilement acceptable pour l'homme et la femme, c'est de retarder le coït indéfiniment. Car, comme le faisait remarquer Monica, une de nos participantes au groupe de conscientisation sexuelle, c'est surtout le coït qui fait problème.

«J'ai essayé de trouver différentes façons de régler le problème. Mais ce n'est que récemment que je suis arrivée à cette méthode qui me paraît la plus prometteuse... pour moi en tout cas! Ce que je fais? Très simple: je masturbe mon partenaire ou je lui fais une pipe assez rapidement. En fait, comme il vient tout juste de commencer, il y a beaucoup de chances pour qu'il ait quand même envie de continuer et c'est alors que ça me permet de poursuivre pendant très longtemps. Je crois qu'en essayant de faire jouir les hommes au moins deux fois, les femmes seraient beaucoup moins frustrées. Bien sûr, comme toujours, c'est encore la femme qui doit tout faire, mais j'aime autant en prendre la responsabilité et avoir ainsi plus de chance d'avoir un orgasme que de me fier simplement à son bon vouloir et me retrouver frustrée à en pleurer!»

Je proposai donc aux vingt-deux femmes qui assistaient à cette rencontre de tenter une expérience du genre, qui s'étendait sur deux mois. Elles devaient noter leurs résultats de façon à voir si cette approche améliorait de beaucoup leur plaisir sexuel ou si ça n'y changeait pas grand-chose. Étonnamment, la remarque la plus fréquente que leurs partenaires faisaient, c'est qu'ils n'avaient pas envie de se laisser caresser ainsi jusqu'à l'éjaculation. Ils disaient qu'ils étaient capables d'attendre très longtemps, alors que la réalité était évidemment tout autre. Mais chez celles qui ont quand même tenu à faire l'expérience, les résultats permettent de constater que les caresses se prolongeaient de beaucoup plus si elles procédaient de cette façon.

«J'ai découvert, racontait d'ailleurs Linda, que si je me mets tout de suite à le caresser pour le faire jouir, il devient ensuite moins obsédé par son propre plaisir. On dirait que ça le place en situation de culpabilité. Alors, après avoir eu son plaisir, c'est comme s'il avait en tête de m'en donner à moi. J'ai eu beaucoup plus d'orgasmes de cette façon-là qu'avant, quand j'attendais avant de le faire jouir ou que je le laissais se satisfaire lui-même.»

Alors, messieurs, voici une situation qui change un peu le rapport de force. Pourquoi, puisque vous savez fort bien que l'éjaculation mettra fin de toute façon aux caresses, pourquoi, dis-je, ne pas demander ou vous satisfaire tout de suite en partant, ce qui vous éviterait de ressentir trop vivement la pression du désir? De cette

façon, cela vous laisserait ensuite beaucoup plus de temps pour poursuivre vos caresses?

Certains diront qu'ils risquent de ne plus retrouver leur érection... D'autres diront que ça prendrait trop de temps avant qu'ils retrouvent leur érection...! Tout ça ne fait qu'illustrer votre obsession maniaque et indiquer quelles sont vos idées fixes sexuelles: l'érection... ou en d'autres mots, votre propre plaisir.

Or, si vous voulez vraiment apprendre à bien faire l'amour à une femme, il vous faut absolument oublier cette idée fixe du pénis. Oubliez cette idée fixe de votre propre et unique plaisir. De toute façon, et l'expérience le confirme amplement, votre plaisir sera beaucoup plus intense si vous arrivez à exciter votre compagne à son plus haut niveau. Plusieurs témoignages masculins en font foi.

«Je n'avais jamais été un amant fantastique, je m'en rends compte maintenant, avant de suivre un cours d'éducation sexuelle. Je ne vous parlerai pas de mes idées sur la question avant que je décide de m'instruire, mais ça n'était pas brillant. Puis, j'ai essayé d'oublier le scénario habituel: la lever, la mettre dedans et ensuite y aller à fond de train jusqu'à l'éjaculation. Les résultats ont été beaucoup plus satisfaisants. Pour une chose, j'ai perdu beaucoup de ma timidité sexuelle. Je n'avais pas peur de demander à ma partenaire de me masturber, par exemple, de me caresser avec de l'huile ou avec sa bouche même. Cette idée leur plaisait beaucoup et une fois que j'avais joui je pouvais continuer à les caresser sans me préoccuper plus longtemps si j'allais jouir ou non puisque j'avais déjà joui. Il fallait cependant que je cesse de penser à une autre idée fixe: posséder la fille à fond de train. Je me suis rendu compte que c'est là une erreur que beaucoup d'hommes commettent, sinon presque tous les hommes... De toute façon, je suis beaucoup plus satisfait sexuellement maintenant que je ne l'étais auparavant.»

Ce témoignage de Mark est par ailleurs corroboré par de nombreux autres. Voici celui de Bert, un quadragénaire marié depuis plus de quinze ans:

«Il fallait que nous fassions quelque chose parce que notre vie sexuelle était complètement tombée à plat. J'ai lu beaucoup de livres sur la question et le Rapport Hite m'a fait comprendre pas mal de choses. J'ai voulu mettre en pratique quelques-unes des suggestions que j'y trouvais. Or, j'ai découvert que si je m'arrange pour donner plus de plaisir à ma femme, celle-ci n'hésite plus maintenant à faire des choses qu'auparavant elle ne voulait même pas entendre mentionner. Par exemple, j'aime beaucoup les photos érotiques. Souvent je lui demandais de prendre des poses osées et elle s'y refusait totalement. Mais une fois, après que j'eus décidé de changer mon approche, je me souviens que nous nous étions caressés pendant très longtemps et, à un moment donné, elle avait pris une pose particulièrement érotique et je lui disais à quel point je l'aimais dans cette pose-là et elle-même me suggéra de prendre une photo. Je n'en revenais pas.»

Au niveau du sexe oral ou anal, beaucoup de femmes changent de point de vue quand elles se rendent compte que leur partenaire est prêt à aller très loin avec elles dans le plaisir. Comme Marguerita, une opulente et plantureuse Mexicaine qui prenait les choses en riant:

«Mon mari a le sang très vif. Il est très porté sur le sexe, mais avec lui c'était toujours la même chose. Je lui ai dit que je suivais ces cours d'éveil à la sexualité et il a trouvé ça intrigant. Puis, finalement, j'ai commencé à lui suggérer certaines solutions. Il m'aime beaucoup et ça désolait de voir que je ne parvenais pas à jouir autant que lui quand nous faisions l'amour. Que veux-tu? que je lui disais, je suis lente, alors toi, tu vas trop vite. Donc, nous avons commencé comme ça: nous prenons un bain ensemble, nous nous amusons, je le caresse, je le masturbe même, jusqu'à temps qu'il éjacule une première fois. Puis, nous passons à la chambre à coucher et là, je me colle sur lui, il est un peu refroidi, mais j'insiste et il continue de me caresser. Il a été satisfait trop rapidement, alors je sais que ça ne l'a pas complètement repu. Il devient encore plus passionné et me fait toutes sortes de caresses pendant très long-temps. Moi, plus il prend son temps et plus ça m'excite. Et je me connais: si je deviens de plus en plus excitée, il n'y a rien que je vais refuser de faire puisque tout me fait plaisir. Avant, je ne voulais jamais le prendre dans ma bouche. Ça me laissait indifférente. D'autant plus que je n'avais pas beaucoup de plaisir, alors, je me disais, pourquoi je devrais lui donner tout le plaisir alors que lui, il ne se donnait pas la peine de m'en donner autant? Mais maintenant, quand il me fait minette, quand ses doigts osent enfin me caresser l'anus et le clitoris, je deviens folle de plaisir et je n'hésite pas du tout à prendre la position du soixante-neuf. Il adore ça me voir m'exciter autant, mais je le lui ai dit: Tu vois, il fallait simplement s'en donner la peine!»

Des expériences très voluptueuses!

Beaucoup de femmes aiment pratiquer la fellatio. Beaucoup de femmes, moins cependant, acceptent de pratiquer le sexe anal. Mais, elles ne l'accepteront que dans un contexte de plaisir intense où les deux partenaires y trouvent leur compte, comme le disait Marguerita ci-haut. À quoi sert de donner tout le plaisir possible à un partenaire qui se préoccupe assez peu du vôtre?

Et cette technique de retardement peut facilement être couplée à d'autres techniques expliquées précédemment, comme la pause, le squeeze ou d'autres encore. Évidemment, celle que je conseille par-dessus tout, c'est de vous soulager en premier lieu, le plus tôt possible avant de poursuivre en vous concentrant sur votre partenaire. Ce qui ne signifie nullement que vous devriez abandonner l'idée du coït. Pas du tout. Sauf, bien sûr, que ça le retarde, ça ne fait que reporter l'échéance. Et ne vous inquiétez pas de savoir si vous aurez une autre érection... Je suis certaine que vous en aurez une autre et probablement beaucoup plus satisfaisante que la première.

L'élément important de ce point de vue, c'est qu'il vous fait prendre vos distances vis-à-vis du coït. À la lecture des déclarations des participantes dans les chapitres précédents, vous devriez maintenant être convaincus que le coït ne leur fait pas connaître ces voluptés que vous croyez leur donner, alors pourquoi ne pas oublier un peu le coït pour chercher d'autres façons de faire l'amour? des façons qui permettraient enfin à votre partenaire d'avoir elle aussi sa part de ce plaisir intense que vous dites retirer des relations amoureuses?

D'autant plus, je le sais d'expérience, qu'en oubliant votre plaisir égoïste, en vous donnant le temps et la peine d'exciter votre partenaire, de la stimuler au point où elle goûte à son tour le plaisir, elle sera à même de vous prodiguer ces caresses que vous désirez goûter mais qu'elle vous refusera si vous ne prenez pas soin de la mettre en état d'excitation suffisante.

Bien sûr, ça ne se fait pas du jour au lendemain ce changement d'optique, mais dites-vous bien, messieurs, que ce n'est qu'à cette condition que vous parviendrez vraiment à bien faire l'amour à une femme.

13

LES ACCESSOIRES

Quand on aborde la question des «accessoires» sexuels, tout de suite les hommes se mettent à penser aux vibrateurs et autres gadgets du genre. Pourtant, les accessoires, c'est beaucoup plus que ça. Ça va de la chaîne stéréo dans la chambre à coucher aux tenues sexées, aux films érotiques ou aux livres du même genre, etc... En fait l'éventail s'étend à tout ce qui n'est pas uniquement le corps humain, je dirais.

La question que beaucoup se posent, c'est de savoir si de faire appel à toutes sortes de trucs ou de machins pour s'exciter, ne relève pas de la pathologie, de la maladie. Personnellement, je réponds à celles qui m'en faisaient la demande qu'il n'y a rien de mal à se faire du bien.

Des tenues osées

Les femmes, sans doute parce qu'elles ont été conditionnées à «être belles et se taire», ont toujours au fond d'elles-mêmes ce petit besoin de s'exhiber, de s'afficher. N'entendez pas cela de façon péjorative bien que la plupart du temps ça semble en effet un peu... péjoratif. Mais d'attirer les regards admirateurs, ça réchauffe le coeur d'une femme. Cette malheureuse manie ne provient de rien d'autre que de ce manque chronique d'affection dont elle est la victime involontaire depuis des temps immémoriaux. La femme a appris à se faire belle pour s'assurer affection, sécurité, bonheur, tout le tralala. Donc, pas étonnant qu'elle soit la cible de toutes les publicités et qu'elle soit celle qui consomme le plus de produits de beauté, etc...

Mais si nous abordons plus spécifiquement la question du vêtement dans les relations amoureuses, alors là... nous avons en main un élément qui ne manque pas de soulever l'intérêt. Mais saviez-vous, messieurs, que le spectacle d'un homme partiellement nu, vêtu de vêtements sexés, constitue pour beaucoup de femmes un puissant stimulant érotique? Vous ne vous en doutiez pas? Pourtant, vous devriez puisque l'inverse est encore plus vrai. Quel homme résisterait à une femme revêtue d'un déshabillé qui laisse savamment entrevoir ses charmes? À moins qu'elle ne soit particulièrement repoussante, ils sont rares les hommes qui ne seront pas... soulevés à ce spectacle.

La tenue vestimentaire joue un rôle important dans le contexte érotique et si un homme offre en cadeau un déshabillé vaporeux, il est assuré que sa compagne appréciera ce geste. Elle ne le prendra pas comme la preuve qu'il la considère comme un objet sexuel (quoique ça se produise) mais elle y verra plutôt l'indication de son intérêt pour elle, un intérêt qui ne se limitera peut-être pas à la seule sexualité. Bien sûr, si un homme ne se préoccupe de la tenue vestimentaire de son épouse qu'au moment de se mettre au lit, il y a de quoi se poser des questions. Mais sachez, messieurs, que votre tenue vestimentaire joue aussi un rôle qui n'est pas négligeable pour inciter votre partenaire aux ébats amoureux. Plus encore si votre tenue laisse plus de place à l'imagination. Le spectacle d'un partenaire nu provoque chez beaucoup de femmes le désir de le caresser, le toucher.

Le matériel érotique

«Je me souviens, racontait Monica, qu'un soir, je lisais un livre d'Anaïs Nin, *la Vénus érotica* où quelque chose comme ça, et en lisant certains passages particulièrement sensuels, je sentais des impulsions très fortes. J'étais étendue seule dans mon lit et je me suis mise à me caresser distraitement d'abord et, à mesure que je lisais, de plus en plus rapidement. Cette lecture me donnait vraiment des idées intéressantes et j'aurais bien aimé pouvoir lire ce livre avec un partenaire. Je crois que la soirée aurait été fort agréable.»

Si seulement 22 pour cent des femmes interrogées par Sandra Kahn admettent que la littérature et les films érotiques provoquent chez elles le désir des relations amoureuses, il faut dire qu'il s'agissait alors uniquement de matériel pornographique. La question n'a malheureusement pas été posée sur le matériel seulement sensuel, des livres comme celui d'Anaïs Nin, des films comme *Black Emmanuelle* où autres du même genre, sans aller jusqu'à *Deep Throat* et tous les autres, beaucoup trop explicites, qui ont suivi.

Car je crois, en tout cas mon expérience avec les groupes de femmes que j'ai dirigés me l'a démontré, que la littérature modérément érotique suscite beaucoup plus de réactions chez les femmes que celle qui est carrément pornographique. Je crois que ça tient à la plus grande place de l'imagination chez la femme. L'homme se régale de descriptions franches et nettes qui ne laissent guère de place à l'imagination, mais les femmes aiment bien élaborer elles-mêmes sur le sujet et préfèrent donc des récits moins explicites. D'autant plus que la différence fondamentale dans la sexualité féminine par rapport à celle de l'homme fait que la description trop franche de caresses amoureuses ne suscite pas d'élans aussi passionnés que la description de certaines atmosphères, de certaines scènes pleines de sous-entendus grivois.

Voilà donc un autre accessoire qui pourrait vous servir fort utilement. La lecture de tels livres faite à deux, le soir avant de vous retirer dans votre chambre, ne manquerait probablement pas de vous inspirer à tous les deux certains scénarios amoureux qui pourraient vous conduire hors des sentiers battus. À moins que vous ne soyez tous les deux atteints de paresse chronique et que ça se voit même dans l'intimité de la chambre à coucher. Alors, là...

Les gadgets sexuels

Mais, bien sûr, comme je le mentionnais au tout début de ce chapitre, quand il est question d'«accessoires», on pense tout de suite aux nombreux gadgets qui existent sur le marché et qui promettent monts et merveilles au domaine de la sexualité. Malheureusement pour les nombreux consommateurs bernés, la réalité est tout autre.

Les hommes pourraient cependant tirer profit des avantages indéniables que permet l'utilisation de certains appareils érotiques pour augmenter le plaisir de leur partenaire. Mais attention... non seulement faut-il savoir les utiliser, mais en plus il faut d'abord s'informer si l'introduction de tels appareils ne risque pas de froisser votre partenaire. Car elles sont malheureusement nombreuses les femmes qui répugnent à se servir de tels appareils ou à se laisser caresser avec ceux-ci. Ça tient essentiellement à un phénomène d'éducation, mais c'est plus que fréquent.

D'abord, laissez-moi vous dire que certains types de vibrateurs ne sont pas indiqués pour les relations amoureuses. Il y en a beaucoup qui se vendent bien en raison de leur forme qui imite parfaitement le pénis mais leur utilité est fort restreinte. Le vibrateur que je conseillais à mes «élèves», c'est celui auquel on peut adapter toutes sortes de têtes, y compris une sorte de brosse rotative et qu'on appelle pudiquement le «vibrateur facial». Non seulement le trouve-t-on un peu partout, mais son prix est beaucoup plus abordable que celui des autres dildos où vibrateurs en forme de pénis. De plus, il ne fait presque pas de bruit contrairement aux autres.

Si je le conseillais à mes élèves, c'est qu'il permet la stimulation clitoridienne aussi longtemps qu'on en ressent le besoin. Par contre, nous nous en sommes rendu compte au fur et à mesure des expérimentations, il peut arriver que l'usage de ce seul vibrateur ne suffise pas. Alors l'usage d'un dildo est conseillé. Cette double utilisation permet très souvent d'arriver à des orgasmes beaucoup plus intenses. Certaines enquêtes ont tenté d'en démontrer la réalité d'ailleurs. Certaines femmes n'hésitent pas à dire que de se servir d'un vibrateur en forme de pénis pour la pénétration du vagin, pour simuler le coït, en même temps que le vibrateur facial pour stimuler le clitoris permet d'augmenter la puissance des orgasmes d'au moins 50 pour cent dans presque tous les cas et ça peut aller jusqu'à doubler cette intensité chez certaines femmes.

Donc, messieurs, vous ne devriez pas hésiter, surtout si votre compagne s'y prête, à utiliser de tels appareils. Ils agrémentent les relations amoureuses de façon sensible, comme vous pouvez le constater, et ils vous permettent de plus de stimuler adéquatement votre partenaire si vous avez envie de suivre le scénario habituel et de faire culminer vos caresses avec le coït. Ce que je ne saurais conseiller d'ailleurs à la vue de tout ce qui précède.

Mais il y a un problème. Ou plutôt: vous avez un problème, comme l'explique Patty:

«J'adore me servir d'un vibrateur quand je me masturbe. Cela me donne tout le temps nécessaire pour jouir et je ne risque pas de me fatiguer avant d'avoir eu beaucoup de plaisir. Seulement, avec mon amant, je n'arrivais jamais aux mêmes sensations malgré tout le mal qu'il pouvait se donner. Aussi, après y avoir pensé pendant quelque temps, je lui ai demandé s'il aimerait se servir de ce vibrateur. La réaction fut malheureusement très... négative de sa part. «Je suis capable de te faire jouir tout seul» hurlait-il en ajoutant qu'il n'avait pas besoin de gadgets et qu'il n'était pas sénile où impuissant. J'avoue que j'étais très mal à l'aise de cette réaction. Après tout, je ne le voyais pas du tout de cette façon-là et moi, je pensais qu'il trouverait ça amusant... Ça lui enlèverait la pression des épaules lui qui se donnait tant de mal pour me donner du plaisir sans y parvenir!»

C'est un fait que beaucoup d'hommes, incons- ciemment, considèrent les vibrateurs comme des... concurrents! Attribuez cette attitude à la déplorable mentalité masculine du mythe de la virilité, mais beaucoup sont aux prises avec ce préjugé qui cause plus de problèmes qu'il n'en règle. Le cas de l'amant de

Patty est un exemple très éloquent de ce qui peut se produire.

Pourtant, c'est un fait que l'introduction dans les relations amoureuses de tels instruments pourrait permettre d'augmenter les plaisirs des deux partenaires et pas seulement le plaisir de la femme.

«J'hésitais à utiliser mon vibrateur avec Harry, racontait Jacky. Je ne savais pas comment il allait prendre ça. Peut-être me trouverait-il trop vicieuse...'? Toutes sortes d'idées bêtes me passaient par la tête quand j'y pensais et puis, finalement, un soir qu'il était fatigué, je lui en parlai. Contrairement à ce que je pensais, il fut amusé de cette suggestion et voulut voir de quelle façon moi-même je me servais de cet appareil pour me faire jouir. En fait c'est très simple, je le passe simplement sur mon clitoris, je n'aime pas tellement me pénétrer puisque ça ne me donne pas de plaisir particulier. Mais Harry fut très heureux de voir que ça me donnait beaucoup de plaisir et, par la suite, il n'hésitait jamais à faire ce «petit ménage à trois» comme il disait. J'aimais qu'il me caresse longtemps pendant que le vibrateur ronronnait doucement sur mon clitoris. Ça ne me prenait pas de temps que j'avais des orgasmes fous et j'étais beaucoup plus prête à le prendre qu'auparavant.»

Ne sous-estimez pas la puissance de ce petit appareil dans les relations érotiques, messieurs. Ils peuvent vous être d'un grand secours. Mais, évidemment, n'allez pas croire qu'ils sont vos concurrents. Si une femme peut se donner du plaisir avec un vibrateur, elle peut s'en donner tout autant avec seulement ses doigts ou à cheval sur le bras du divan. Considéreriez-vous alors ces méthodes comme des concurrents? Pas du tout et l'idée même est risible. Il en est de même pour les différents gadgets qui peuvent cependant vous permettre de varier énormément vos caresses et vos plaisirs à tous les deux.

Il existe ainsi toutes sortes d'anneaux péniens dont certains sont ornementés d'une espèce de griffe où de croc qui permet de stimuler le clitoris pendant le coït. Vous vous rendez compte de l'utilité de ce gadget quand on sait que les femmes jouissent d'abord et avant tout par le clitoris?

D'ailleurs de plus en plus de femmes admettent maintenant l'utilisation de tels gadgets et ne se cachent plus pour faire appel à leurs services.

«Je n'ai jamais été très rapide pour arriver à l'orgasme, racontait Norma lors d'une de nos rencontres. Je crois même que je suis beaucoup plus lente que la moyenne des femmes. De toute façon, j'ai tout essayé sans succès et ça n'y changeait rien. Inutile de dire que j'étais joliment frustrée avec mes amants. Jamais je n'arrivais à m'exciter suffisamment pour éprouver le moindre plaisir. Ils me considéraient comme une femme frigide alors que je sais fort bien que je ne le suis pas. Je suis arrivée à l'orgasme par la masturbation mais seulement après pratiquement une heure de stimulation ininterrompue. J'aimais bien ça, mais ça m'exténuait littéralement. Alors j'ai décidé d'acheter un vibrateur. Je me disais que ça ne risquait pas de m'épuiser plus que mes séances habituelles de masturbation. Le premier soir, je me suis installée dans mon lit et un peu gênée, je l'avoue, j'ai mis l'appareil en marche et je l'ai appliqué un peu partout sur mon corps. La sensation que ça me procurait était agréable mais je ne la trouvais pas suffisamment forte pour provoquer un orgasme, mais je me trompais. Quand j'appliquai l'appareil sur mon sexe, ce fut comme un doux ronronnement qui se répandait rapidement dans tout mon corps et je me suis détendue en prenant soin de promener l'appareil partout sur mon anus, mon vagin, mon clitoris et mon pubis. Et rapidement, dans le temps de le dire, je sentais monter une vague de plaisir qui devenait de plus en plus forte à mesure que je pressais l'appareil directement sur mon clitoris. Eh bien! ça ne m'a pris que cinq minutes avant d'être secouée par un merveilleux orgasme. J'étais ravie, transportée de joie. Finies les longues séances où j'en avais des crampes aux doigts à force de me caresser ou des crampes dans tout le corps quand je m'installais sous le robinet du bain. Mon vibrateur allait devenir pour moi un compagnon inséparable.»

Un partenaire indispensable?

Si le vibrateur permet aux femmes d'obtenir des sensations très agréables quand elles sont seules, imaginez ce que vous pouvez faire en l'introduisant dans vos préliminaires? Vos caresses n'en seront que meilleures et vous pourrez dès lors faire goûter à vos partenaires des plaisirs accrus simplement en usant judicieusement de ce merveilleux petit appareil. D'ailleurs la panoplie des gadgets érotiques est telle que vous pourrez certainement y dénicher tous les deux tous les appareils dont vous avez envie de faire l'essai et cela ne fera que provoquer entre vous une sorte de curiosité sexuelle qui ne saurait être que bénéfique.

Car le pire ennemi du plaisir, c'est l'ennui. Les couples mariés en viennent à se regarder avec un désintérêt total, ce qui augure très mal pour les caresses amoureuses. Mais en introduisant de tels appareils dans vos caresses, cela met une sorte d'esprit de curiosité qui ne peut que vous pousser à d'autres formes d'expérimentation. Comme Diana en parlait

171

d'ailleurs:

«Quand on a parlé d'essayer le vibrateur il y a plusieurs semaines, j'étais contente de voir que ça me permettait de me donner du plaisir parce que ma vie sexuelle à la maison est très pauvre. Jos est un bon mari, mais ça fait douze ans que nous sommes mariés et sa curiosité est plutôt éteinte. Mais quand je suis arrivée avec ce truc-là, il m'a demandé toutes sortes de choses et quand je vis une certaine petite lueur dans ses yeux, je compris que ça l'excitait drôlement. Ce soir-là, je dois dire que nous n'avions pas fait l'amour comme ça depuis des années. C'est incroyable ce que ça peut susciter sa curiosité cet appareil. Il parle maintenant d'en acheter toutes sortes d'autres. Moi, si c'est pour nous donner autant de plaisir je veux bien, vous pensez...!»

Le cas de Diana n'est pas un exemple isolé. Les hommes sont souvent de grands enfants et la perspective d'ajouter un nouvel item à leur panoplie de «trucs» ne peut que les inciter à en faire l'expérience de toutes les façons possibles.

D'ailleurs ils sont nombreux à se féliciter d'avoir appris à se servir régulièrement de tels appareils, comme Billy, un membre de notre groupe masculin qui dit ne plus vouloir s'en séparer:

«Ma femme est insatiable sexuellement. J'ai appris à la satisfaire le plus possible, mais je n'étais pas l'amant idéal pour elle, c'est d'ailleurs pour cette raison que nous avons décidé de suivre cette thérapie. Mais depuis que nous avons fait l'essai des vibrateurs, je dois dire que nous sommes des plus heureux de l'expérience. Nous avons appris à nous servir des vibrateurs anaux. J'ignorais que ma femme aimait tellement se faire prendre de cette façon puisqu'avec moi elle s'y est toujours refusée. Elle m'a d'ailleurs avoué qu'elle avait peur que ça lui fasse mal. Mais avec un vibrateur anal, plus de problèmes et elle a beaucoup plus de plaisir depuis qu'elle peut satisfaire tous ses petits désirs sans craindre d'accident. Et moi, ça me permet de la satisfaire beaucoup plus qu'avant et ça paraît d'ailleurs dans son attitude envers moi puisqu'elle est beaucoup plus passionnée qu'elle ne l'était avant, même avec la meilleure volonté du monde.»

Oui, les gadgets, messieurs, peuvent être des compagnons très appréciés qui vous rendront de fiers services. De plus, pour vous aider à satisfaire votre partenaire, ils se montrent fidèles et surtout... inlassables.

Le meilleur accessoire: l'imagination

Mais à ce chapitre, pourquoi ne pas user de votre imagination? Les gadgets érotiques, c'est très bien et ça permet beaucoup de variations intéressantes, mais en prenant le temps de dialoguer avec votre partenaire vous pourrez découvrir toutes sortes d'éléments intéressants qui vous permettront à tous deux de varier vos caresses et surtout de satisfaire vos plus petites envies amoureuses. Il suffit souvent de bien peu de choses pour satisfaire une femme. Encore faut-il que vous sachiez laquelle. Le dialogue allié à l'imagination et à l'ouverture d'esprit nécessaire pour tenter de nouvelles expériences, voilà qui vous place en très bonne situation pour augmenter à tous les deux vos plaisir amoureux.

14

LE DÉSIR NE MEURT PAS À 40 ANS

Dans tout ce que j'ai dit précédemment, je suis certaine que vous avez songé à une jeune femme, très jolie de préférence, et que votre imagination vous fournissait tous les détails suffisants pour satisfaire toutes vos fantaisies. Même si vous êtes mariés, c'est le propre de l'homme que de se permettre ainsi de laisser vagabonder son imagination et se voir séduire une sémillante jeune femme qui, bien sûr, pourrait satisfaire ses moindres désirs. Étonnamment, personne ne songera à une femme plus âgée, disons dans la quarantaine ou même plus.

Ça vous étonne? Moi, pas le moins du monde!

Le sexe meurt à 40 ans!

Pour les hommes, c'est comme si la femme après 40 ans cessait d'avoir des désirs sexuels. Bien sûr, dans la réalité il y a énormément de couples de plus de 40 ans d'âge, mais quand on interroge les hommes sur leurs désirs secrets, sur leurs plaisirs, sur ce qu'ils aimeraient, on ne doit pas s'étonner de voir que c'est toujours l'image d'une jeune femme qui leur vient à l'esprit. Vous me direz qu'après tout, c'est tout à fait normal et qu'il n'y a pas lieu d'en faire tout un plat. D'accord...! Sauf que là où je ne vous suis plus, c'est quand vous considérez les femmes âgées (d'ailleurs à partir de quel âge devient-on «âgée»?) comme inaptes au plaisir sexuel. Rien ne saurait être plus faux. Comme le veut l'adage, le bon vin s'améliore avec l'âge?

En effet, toutes les recherches tendent à montrer que, loin de s'amenuiser, le plaisir sexuel augmente avec l'âge chez la femme. Cette citation tirée d'Helen Kaplan en prouve le bien-fondé:

«Tandis que certaines femmes signalent une diminution du désir sexuel, d'autres, très nombreuses, ressentent réellement un accroissement de l'appétit érotique au cours des années de la ménopause. Ici encore, le sort de la libido semble dépendre d'un ensemble de facteurs qui surviennent pendant cette période, y compris les changements physiologiques, les occasions plus ou moins favorables d'avoir des rapports sexuels et la diminution des inhibitions. Du point de vue purement physiologique, la libido devrait théoriquement augmenter à la ménopause, parce que l'action des androgènes de la femme, qui n'est pas matériellement affectée par la ménopause, n'est plus contrariée par l'oestrogène.»

De nombreux témoignages démontrent clairement en tout cas que loin de perdre tout appétit sexuel, les femmes après la ménopause voient augmenter ces mêmes appétits.

Si je prends la peine de vous signaler ce phénomène, c'est tout simplement parce que beaucoup d'hommes s'imaginent, à tort, qu'une fois que leur épouse a passé ce cap, ils n'ont plus besoin de se mettre en quatre pour chercher à améliorer leur vie sexuelle, ou alors, persuadés que leur épouse ne peut plus leur apporter les plaisirs qu'ils demandent, ils jettent leur dévolu sur des femmes plus jeunes, entraînant souvent des conséquences dramatiques dans la vie du couple.

C'est pour cette raison que je tenais à éclaircir la situation, essayer de montrer aux lecteurs qu'ils font une grave erreur en assumant que le désir de la femme diminue. C'est probablement plus vrai dans le cas de ces messieurs que dans celui des femmes. Les hommes pensent tellement en fonction du pénis que lorsque l'âge leur rend l'érection plus rare ou plus difficile, ils ont l'impression que leur vie sexuelle est finie. Pourtant, nous en avons largement parlé auparavant, la sexualité masculine, ce n'est pas uniquement le pénis et le coït.

Des témoignages éloquents

Shere Hite a pris la peine de faire un relevé fort révélateur de cet aspect souvent tu ou caché de la sexualité féminine (c'est dire à quel point les hommes associent facilement sexualité féminine et procréation!). En voici d'ailleurs des témoignages:

«Je ne savais pas qu'en même temps que je prendrais de l'âge l'amour physique s'améliorerait! J'ai cinquante et un ans et ce n'est qu'un début!»

«Je pense que les hommes se mettent en tête qu'ils déclinent avec l'âge. Pour ma part, je crois qu'il n'y a de déclin notable pour personne, surtout pour les femmes. Mes meilleures expériences sexuelles datent de la maturité, quand j'ai eu vraiment confiance en moi.»

Ce qui rejoint ce que je vous disais tantôt, messieurs. À savoir que tant et aussi longtemps que vous considérez votre sexualité en termes d'érection, il est certain que vous éprouvez beaucoup de traumatisme à voir celle-ci devenir moins vigoureuse et surtout moins fréquente avec l'âge, tandis que si vous orientiez votre opinion différemment et que vous ne voyiez le coït que comme une caresse parmi tant d'autres, cette légère diminution vous affecterait beaucoup moins. Je crois d'ailleurs, avec d'autres psychologues qui ont eu l'occasion de procéder à certaines recherches dans le milieu des personnes de plus de cinquante ans, que si l'obsession masculine du pénis et de l'érection diminuait un tant soit peu, cette capacité érectile reviendrait probablement à la normale. Mais la grande majorité des hommes ont encore beaucoup de chemin à faire avant de parvenir à cette vision de la sexualité... malheureusement!

«J'apprécie beaucoup plus l'amour physique depuis que je ne crains plus une grossesse. (J'ai dépassé la ménopause.) Je l'apprécie également parce que mes enfants ne vivent plus à la maison; (les enfants peuvent restreindre la vie sexuelle de leurs parents). Comme ça me plaît davantage, mon mari suit le mouvement. Pour lui, c'est une surprise agréable... en fait, je rends sa vie plus excitante!»

Une sexualité plus libre

Tous les témoignages recueillis par divers enquêteurs ont permis de tracer un portrait assez précis de la sexualité de ce qu'on appelle pudiquement les... personnes âgées. Elle n'est en rien différente de celle de toutes les autres personnes sinon sur un aspect bien particulier: elle est plus riche, plus variée et surtout... plus libre.

«J'ai soixante-sept ans et je trouve que l'âge ne change rien à ma vie sexuelle. Ce sont les circonstances qui sont déterminantes. Au cours de ces dernières années, j'ai beaucoup plus de satisfactions sexuelles qu'auparavant, aussi bien avec mon mari qu'avec d'autres partenaires. Il me plaît beaucoup de ne plus avoir de règles.»

Cette liberté provient aussi de ce que, à partir d'un certain âge, les conventions sociales perdent de leur importance et ne jouent plus avec autant de force que lorsque les partenaires sont impliqués profondément dans le processus social. Cela permet donc de vivre une vie sexuelle plus variée, plus satisfaisante également. Certaines de ces femmes se sont mises à avoir des amants, même à pratiquer le sexe homosexuel.

Alors, messieurs? Pouvez-vous encore parler de ces femmes comme de vieilles mémères tout juste bonnes à garder les petits-enfants en fin de semaine? Pouvez-vous encore vous contenter de les reléguer au bingo hebdomadaire en vous disant qu'à cet âge-là elles n'ont pas de telles pensées?

Je me souviens d'un livre qui a paru il y a de nombreuses années (c'était à la fin des années soixante) et qui s'intitulait *In praise of older women*. Je crois même qu'on en a tiré un film. Ce livre donc conseillait fortement aux jeunes hommes de prendre leur expérience dans les bras de femmes beaucoup plus âgées qu'eux de façon à pouvoir apprendre ce que c'est que faire l'amour et, autant que possible, le bien apprendre.

Je ne saurais vous conseiller autre chose. Bien sûr,

je ne m'attends pas à ce que vous vous mettiez à draguer les clubs de l'âge d'or, mais ayez au moins la décence de ne pas regarder de haut ces femmes sous prétexte que leurs charmes sont flétris et qu'elles ne sont plus «bonnes à rien»! Quel mépris typiquement masculin dans ce «bonnes à rien»! Alors que la vérité est profondément différente.

À bas les bornes!

... et les bornés! ajouterais-je facilement.

Mettez-vous bien dans la tête, messieurs, que si vous désirez vraiment devenir des amants hors-pair, il va vous falloir réexaminer beaucoup de vos opinions, entre autres celle qu'en vieillissant les femmes perdent tout appétit sexuel. Le contraire est beaucoup plus près de la vérité, comme vous avez pu le constater. J'aurais pu d'ailleurs vous livrer des tas d'autres commentaires du même genre, mais ça n'aurait servi qu'à renforcer la même opinion!

Loin de vous désoler, cette pensée devrait vous remonter le moral. Elle pourrait même vous permettre de penser à orienter votre sexualité de façon différente. Vous le savez dorénavant, les femmes ne retirent presque pas de plaisir du coït. Pour elles, votre obsession du pénis relève de l'infantilisme le plus pur. Alors, cessez de penser que votre érection fait tomber toutes les femmes en pâmoison. Cela les ennuie profondément, au contraire!

15

OUI, LE SEXE EST IMPORTANT

Je relis les lignes qui précèdent et je me demande si j'ai réussi à faire passer le message que je voulais surtout faire comprendre: que faire l'amour à une femme n'implique pas uniquement une question de sexualité. La sexualité féminine est tellement vaste, diffuse, générale, universelle qu'on pourrait presque dire qu'une femme est toute sexualité. Tout son corps, tout son univers en quelque sorte participe de cette sexualité et celle-ci est indissociable et, surtout, elle ne peut certainement pas se pointer du doigt comme les hommes aiment tant le faire avec leur pénis.

Bien sûr, j'ai aussi voulu véhiculer l'idée que, de façon générale, la conception que vous vous faites, messieurs, de la sexualité ne répond qu'à vos besoins personnels, à ceux de votre sexe mais qu'en ce qui concerne la sexualité féminine, ça ne signifie rien d'autre la plupart du temps que frustration! C'est

185

malheureusement la stricte vérité. En faisant de votre pénis votre centre d'attention sexuelle, vous vous privez non seulement d'une sensualité qui pourrait vous entraîner vers des sommets autrement différents et surtout plus satisfaisants, parce que plus globaux, mais vous privez en même temps vos partenaires du plaisir auquel elles ont droit. Parce qu'elles y ont droit au plaisir dans la sexualité. Il faut en finir avec ce dogme ridicule qui n'assigne le plaisir qu'à l'homme. Seulement, tant et aussi longtemps qu'il n'y aura que votre pénis, vous êtes condamnés à la masturbation dans le ventre de la femme, mais vous ne pourrez jamais, si fort que vous vous en vantiez, prétendre que vous lui donnez du plaisir. Car rien ne saurait être plus éloigné de la vérité.

L'affection

Je me souviens d'avoir lu dans le Rapport Hite sur la sexualité masculine que les hommes se plaignaient de ne jamais avoir assez de sexe. Ils accusent les femmes de ne pas leur en donner assez! Je trouve cette accusation hautement ridicule quand on sait que les femmes ne retirent aucun plaisir de cette activité, ou si peu. Alors pourquoi s'empresseraient-elles de la pratiquer, je vous le demande un peu!

Mais Shere Hite faisait magnifiquement ressortir le fondement de cette accusation. C'est que les hommes ont besoin d'affection, un besoin presque maladif puisque toute leur éducation tend à leur faire nier ce besoin qui, subséquemment, ne peut que s'exprimer avec plus de force. Or, leur seul moyen d'avoir cette affection dont ils manquent chroniquement, c'est dans les bras d'une femme. Il ne faut donc pas se surprendre qu'ils en demandent et en redemandent.

Quand on sait également que la sexualité pour la

femme implique profondément cette tendresse, cette affection pour laquelle les hommes manifestent une telle envie (en ne se l'avouant toujours pas) on voit qu'il y a évidemment un lieu de rencontre des deux sexes. Ce lieu, c'est l'affection.

L'importance du sexe

Car ce n'est pas parce que les femmes n'en retirent pas souvent d'intenses satisfactions qu'elles n'aiment pas faire l'amour. Au contraire. Leurs affirmations prouvent le contraire de façon bien évidente. Par exemple:

«Le sexe est important, de dire une confidente de Shere Hite, parce qu'il vous permet d'être on ne peut plus près d'une autre personne. Quand je fais l'amour, je ressens un immense bien-être; avant, pendant et après, je peux vraiment savourer notre intimité.»

«Le sexe est très important parce que c'est par lui que deux êtres peuvent se donner le plaisir le plus intense, se sentir le plus près l'un de l'autre; c'est par lui que nous pouvons nous exprimer totalement. Nous faisons tomber toutes les barrières et nous communiquons vraiment en tant qu'êtres humains.»

Vous vous rendez compte que dans ces deux témoignages, ce n'est pas simplement l'aspect sexuel de la relation qui est impliqué, mais tout le contexte global. C'est cet aspect de la relation amoureuse, messieurs, que vous négligez trop facilement. Le culte du pénis ne peut vous mener qu'à une chose: un plaisir très passager d'une part et la perpétuelle course à l'extase sublime dans les bras d'une hypothétique femme idéale qui vous comblera comme vous désirez l'être. Ce que j'appelle la fuite en avant.

Même sans plaisir!

Même si les femmes ne retirent pas d'orgasme du coït, elles n'en persistent pas moins à soutenir qu'elles aiment faire l'amour.

«J'aime faire l'amour. Même quand je ne jouis pas ou que je n'aime pas vraiment l'homme, ça me plaît (à moins qu'il me fasse vraiment mal) parce que nous sommes tout le temps près l'un de l'autre, plus près qu'on ne peut l'être naturellement. Même sans orgasme, je dirais que c'est pour moi plus de la moitié du plaisir.»

Une autre affirmait, dans la même veine:
«Oui, j'aime faire l'amour, bien que je n'aie pas d'orgasme. Ce n'est peut-être qu'une illusion, mais je sens que nous sommes liés par une profonde affection, que nous sommes tous les deux très vulnérables. Physiquement, j'aime notre totale intimité; j'ai la sensation de me refermer tout entière sur lui.»

«Pendant que je fais l'amour, affirme enfin une dernière, je me sens unie et mêlée à un autre être humain et c'est quelque chose que je ne peux absolument pas retrouver dans d'autres circonstances. C'est comme quand on porte son premier bébé... un être vivant fait partie de vous.»

Toutes ces descriptions insistent encore et toujours sur l'aspect que l'homme, que vous, messieurs, tendez à nier le plus possible dans la relation amoureuse: la dimension de l'amour, de la relation à l'autre. C'est pour cette raison que j'ai tenté de vous montrer en quoi et comment un autre type de sexualité vous était possible. Beaucoup d'hommes commencent d'ailleurs à s'en rendre compte dans de nombreux ouvrages publiés sur cet aspect de la sexualité masculine. Il vous est possible d'atteindre avec votre partenaire une dimension totalement différente de celle que vous vivez présentement. Notez bien d'ailleurs que même en tenant compte de toutes les indications que je vous ai fournies sur les préférences sexuelles féminines, cela fera peut-être de vous un bon amant, mais jamais vraiment quelqu'un qui pourra dépasser le simple niveau génital et accéder à une dimension où la femme peut, par exemple, faire l'expérience de l'orgasme émotionnel.

Une finale prometteuse

«Je rêve, racontait Salomé, d'une promenade dans les bois où j'arrive près d'une merveilleuse petite crique où une chute d'eau bruisse doucement dans la fraîcheur de l'après-midi. Je suis nue, je m'enfonce dans l'eau fraîche qui étreint ma chair et l'épouse comme des millions de bouches amoureuses. Je nage, épousée par l'eau qui me pénètre et me féconde et puis quand je ressors mon corps scintille comme un diamant. Sur la rive, un homme me regarde. Ses yeux, son sourire, ses mains tendues vers moi, tout m'indique le désir, l'accueil, l'amour. Ses mains sont partout sur moi, comme l'eau de la crique fraîche et sa bouche éveille dans tout mon corps une ivresse bienfaisante. Cela dure des heures et des heures, ses mains, sa bouche... chaque parcelle de mon corps vibre comme une fusée illuminant le ciel nocturne et puis doucement, tandis que je m'épanouis comme une énorme orchidée, le dard entre dans mon coeur et je m'ouvre et m'ouvre, possédée par sa présence amoureuse, par chacun de ses gestes qui éveillent en moi des vagues immenses d'une tendresse infinie. Ses mots d'amour résonnent comme de la musique à mes oreilles, je sens qu'il ne bouge pas en moi et lentement, il se fond en moi tout entier, il me remplit de lui-même et bientôt, nous ne sommes plus qu'un, fondus dans la même chair, devenus le même coeur, unis dans l'éteinte immortelle de l'amour plus grand que tout. Je suis le principe vital, la terre-mère et lui/moi n'est rien d'autre que moi-même et notre plaisir à la fois. Et dans une immense clameur de volupté, la terre renaît à nouveau, et les étoiles, et la mer, et le ciel et... l'amour dans un éternel recommencement.»

Cet étrange rêve poétique et amoureux de Salomé, je voulais le garder pour la fin. Peut-être parce qu'il possède des résonnances mystérieuses pour moi. Mais surtout parce qu'il représentait si bien à mes yeux toute la potentialité de l'amour humain, de cette fusion intime de deux êtres dans l'étreinte du désir.

Tout au long de ces pages, j'ai essayé de faire germer cette pensée que la sexualité n'est rien d'autre qu'un versant, l'aspect le plus visible, d'une réalité tellement plus immense, tellement plus puissante que ce seul aspect visible. Et la femme, peut-être parce qu'elle est celle qui porte en elle le germe de vie qui va se développer et se détacher d'elle, est celle qui nous introduit à cette immensité de la tendresse, de l'affection. Comme nous sommes tous sortis d'elle, ainsi il nous faudrait y rentrer, avec autant d'amour que lorsque nous y sommes jaillis, avides de vie et avides d'y retourner!

Ce n'est que sous le signe de cette tendresse, de cette affection, ce n'est qu'à la condition de cette unique embrassade que le véritable plaisir unissant hommes et femmes dans la même clameur voluptueuse est possible.

TABLE DES MATIÈRES